高等院校艺术设计类系列教材

立体构成

林崇华　编著

清华大学出版社
北京

内 容 简 介

"立体构成"是艺术设计专业中应开设的一门专业必修课程，其既是独立的基础造型课，又对各艺术设计专业具有重要的辅助作用，成为从基础到专业的"桥梁"，是一门实践性及交叉性较强的专业基础课程。本书共分10章，采用理论与实际案例相结合的方法，讲解构成的发展、立体构成的空间造型及形态元素、立体构成的艺术感及形式美法则、立体构成的空间形态、立体形态构成的组合方法、立体构成的肌理与材料，以及立体构成在产品设计、环境艺术设计、服装设计和包装设计中的应用。

本书既可以作为高等院校艺术设计类专业本科或专科的教材，也适合广大艺术设计工作者和艺术设计爱好者学习参考。

本书封面贴有清华大学出版社防伪标签，无标签者不得销售。
版权所有，侵权必究。举报：010-62782989，beiqinquan@tup.tsinghua.edu.cn。

图书在版编目(CIP)数据

立体构成/林崇华编著. —北京：清华大学出版社，2022.8（2025.1 重印）
高等院校艺术设计类系列教材
ISBN 978-7-302-60766-3

Ⅰ.①立… Ⅱ.①林… Ⅲ.①立体造型—高等学校—教材 Ⅳ.①J06

中国版本图书馆CIP数据核字(2022)第076088号

责任编辑：孙晓红
封面设计：杨玉兰
责任校对：李玉茹
责任印制：刘　菲

出版发行：清华大学出版社
网　　址：https://www.tup.com.cn，https://www.wqxuetang.com
地　　址：北京清华大学学研大厦A座　　邮　编：100084
社 总 机：010-83470000　　邮　购：010-62786544
投稿与读者服务：010-62776969，c-service@tup.tsinghua.edu.cn
质量反馈：010-62772015，zhiliang@tup.tsinghua.edu.cn
课件下载：https://www.tup.com.cn，010-62791865

印 装 者：三河市龙大印装有限公司
经　　销：全国新华书店
开　　本：190mm×260mm　　印　张：9.25　　字　数：228千字
版　　次：2022年9月第1版　　印　次：2025年1月第4次印刷
定　　价：49.00元

产品编号：092415-01

Preface 前　言

　　构成艺术是现代艺术中重要的艺术表现形式，在现代艺术及其设计领域中受到了广泛的关注，在现代艺术及设计学科的基础课程中占据着重要的地位。立体构成作为构成艺术的一个重要分支，渗透到现代人生活的方方面面，现代人的生活方式、价值取向、审美要求等都需要更多的立体构成的理念来充实并实现。

　　立体构成着重研究三维空间的形态构成。相对于平面构成和色彩构成来说，立体构成多了一个维度，表现形式更具有特点和存在感，能够更好地展现出设计者的情感，给人带来实实在在的感官体验。

　　本书共分10章，主要包括以下内容。

　　第1章为立体构成概述：阐述了构成学的形成、立体构成的概念、立体构成与空间结构系统的关系，以及立体构成这门课程的学习目标和意义，意图从整体强调立体构成的相关理论知识。

　　第2章为立体构成的空间造型及形态元素：从立体空间的造型到立体构成的形态元素，细致地进行了阐述。

　　第3章为立体构成的艺术感及形式美法则：主要介绍量感、空间感等艺术感及形式美法则。

　　第4章为立体构成的空间形态：主要介绍空间的类型、空间分割及形态的创造。

　　第5章为立体形态构成的组合方法：主要以立体构成的点、线、面为例，列举三者的解构与重构对立体构成空间造型的作用。

　　第6章为立体构成的肌理与材料：主要介绍立体构成的肌理与材质、选材原则以及立体构成的材料要素。

　　由于立体构成这门课程的特殊性，从本书的第7章至第10章，笔者从产品设计、环境艺术设计、服装设计和包装设计的角度阐述了立体构成在这四个方面的应用，并通过案例进行分析。

　　本书由河北工业大学建筑与艺术设计学院的林崇华老师编写。由于编者水平有限，书中难免存在不足和疏漏之处，敬请广大读者批评、指正。

编　者

Contents 目 录

第1章 立体构成概述 1
- 1.1 构成的发展 3
  - 1.1.1 构成观源于荷兰的风格派和俄国的构成主义 3
  - 1.1.2 德国包豪斯艺术学院是构成教育的"始祖" 4
- 1.2 构成与立体构成 5
  - 1.2.1 构成的概念 6
  - 1.2.2 立体构成的概念 6
- 1.3 立体造型与空间 8
  - 1.3.1 立体空间 8
  - 1.3.2 空间构成的理念 9
  - 1.3.3 立体构成与空间结构系统 10

第2章 立体构成的空间造型及形态元素 15
- 2.1 立体构成的空间造型 16
  - 2.1.1 自然形态的空间造型 17
  - 2.1.2 人工形态的空间造型 19
- 2.2 立体构成的形态元素 21
  - 2.2.1 点元素 21
  - 2.2.2 线元素 24
  - 2.2.3 面元素 25
  - 2.2.4 块体元素 27

第3章 立体构成的艺术感及形式美法则 31
- 3.1 立体构成的艺术感 32
  - 3.1.1 量感 33
  - 3.1.2 空间感 34
  - 3.1.3 肌理感 36
  - 3.1.4 错觉 38
- 3.2 立体构成的形式美法则 39
  - 3.2.1 对比与统一 40
  - 3.2.2 节奏与韵律 41
  - 3.2.3 比例与尺度 43
  - 3.2.4 对称与均衡 43

第4章 立体构成的空间形态 47
- 4.1 立体空间的类型 48
  - 4.1.1 半立体空间 49
  - 4.1.2 三维立体空间 52
- 4.2 空间分割及形态的创造 57
  - 4.2.1 空间分割 57
  - 4.2.2 空间形态的创造 60

第5章 立体形态构成的组合方法 65
- 5.1 线立体形态 66
  - 5.1.1 线的形态要素 66
  - 5.1.2 线立体构成的方法 68
  - 5.1.3 线元素的组合构成方法 70
- 5.2 面立体形态 73
  - 5.2.1 面立体形态的种类 73
  - 5.2.2 面立体形态的构成方法 74
- 5.3 块体立体形态 77
  - 5.3.1 单体与单体组合的立体空间构成 77
  - 5.3.2 块体的立体组合构成 79

第6章 立体构成的肌理与材料 83
- 6.1 立体构成的肌理与材质、选材原则及材料要素 84
  - 6.1.1 立体构成的肌理与材质 85
  - 6.1.2 立体构成的选材原则 86
  - 6.1.3 立体构成的材料要素 87
- 6.2 立体构成的自然材料 88

　　　　6.2.1 石材 88
　　　　6.2.2 木材 90
　　　　6.2.3 泥土 91
　　6.3 立体构成的工业材料 93
　　　　6.3.1 金属 93
　　　　6.3.2 纸 94
　　　　6.3.3 玻璃 95
　　　　6.3.4 塑料 96

第7章 立体构成在产品设计中的应用 99

7.1 立体构成与产品设计 100
7.2 立体构成的基本要素在产品设计中的
　　应用 102

第8章 立体构成在环境艺术设计中的
　　　　应用 107

8.1 立体构成与景观设计 109
　　8.1.1 立体构成与雕塑 109
　　8.1.2 立体构成与园林景观 109
8.2 立体构成与建筑设计 113
　　8.2.1 明确研究内容 113
　　8.2.2 面材的运用 114
　　8.2.3 块体的运用 114

第9章 立体构成在服装设计中的应用 117

9.1 立体构成的基本要素在服装设计中的
　　应用 119
　　9.1.1 服装设计中点元素的运用 119
　　9.1.2 服装设计中线元素的运用 121
　　9.1.3 服装设计中面元素的运用 121
　　9.1.4 服装设计中材料元素的运用 121
9.2 从立体构成的角度看服装设计的特殊性
　　与普遍性 123
　　9.2.1 从立体构成的角度看服装设计的
　　　　　特殊性 123
　　9.2.2 从立体构成的角度看服装设计的
　　　　　普遍性 123

第10章 立体构成在包装设计中的
　　　　　应用 129

10.1 立体构成的元素在包装设计中的
　　　应用 131
10.2 包装设计体现的形式美 133

参考文献 141

第1章

立体构成概述

立体构成

学习要点及目标

- 掌握构成与立体构成的概念。
- 掌握立体构成的基本要素。
- 了解立体构成的源起。

本章导读

在绘画中,构成被称为"构图",即如何在画纸上摆放各个要素的空间位置;在视觉传达设计中,构成被称为"编排";而在空间艺术设计中,构成被称为"位置经营"。元素的组织问题是艺术设计中最基本的问题,而构成教育,也成为艺术教育的基础。构成是一种手段,它将各元素、各节点有机地整合到一起,起到统一、有序的作用,从而形成艺术创作的风格。

图1-1所示为三角形构图,拍摄者采用三角形构图拍摄画面中的鸟儿,起到了稳定画面的作用;而图1-2所示为视觉传达设计中的版式编排设计,作者用特殊的编排方式设计诗词的构成结构,与诗词自身所传达出的磅礴大气相吻合,极具视觉冲击力。

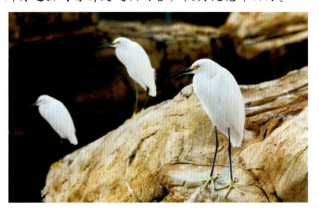

图1-1 三角形构图

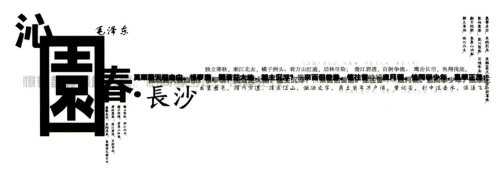

图1-2 视觉传达设计中的版式编排设计

1.1 构成的发展

同其他学科一样,人类对形体的感受与认知并不是一蹴而就的,而是经过了漫长的历史过程的演变,立体构成也是如此。构成观源于荷兰的风格派,"构成"一词源于20世纪初俄国的构成主义设计运动。"立体构成"教学源于20世纪初的德国包豪斯设计学院,现如今已成为现代设计教育最重要的基础课程之一。很多学者认为,在"构成学"产生和发展的漫长历史过程中,立体主义、未来主义也为其发展做了相应的贡献。

1.1.1 构成观源于荷兰的风格派和俄国的构成主义

1917年,荷兰出现了一个画派——风格派,当时这个画派被称作新造型主义,风格派拒绝使用具象元素,主张用纯粹的几何形状代替,主张纯抽象与淳朴。该画派以《风格》杂志为中心,主要创始人是杜斯堡(Doesburg),主要领袖是蒙德里安(Mondrian)。

当时,风格派主张用纯粹几何形的抽象来表现纯粹的精神。风格派的艺术家认为,只有抛开具体的描绘,抛开细节,才能避免个别性和特殊性,获得共同的纯粹精神表现。

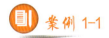

百老汇爵士乐

油画《百老汇爵士乐》(见图1-3)现藏于纽约现代艺术博物馆,是皮特·蒙德里安著名的作品之一,也是他一生最后一件作品。1930年,蒙德里安离开巴黎来到伦敦。由于第二次世界大战烽火的波及,他于1940年逃往美国,在纽约度过了他生命中的最后四年。纽约,这座现代化大都市,以其特有的繁华深深吸引着蒙德里安:那整齐严谨的街道布局、拔地而起的摩天大楼、充满活力的舞厅和爵士乐队,以及夜幕下流光溢彩、闪烁变幻的灯光……它们既与其绘画有着某种内在的相通,又洋溢着某种前所未有的新精神。在这幅画中明显地反映出现代都市的新气息。依然是直线,但不是冷峻严肃的黑色界线,而是活泼跳动的彩色界线,它们由小小的、长短不一的彩色矩形组成,分割和控制着画面。

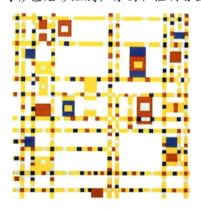

图1-3 油画《百老汇爵士乐》

除了蒙德里安之外，风格派的著名艺术家还有匈牙利画家V.胡萨尔、建筑师J.J.P.乌德、诗人A.考克、雕刻家G.凡顿格洛等。风格派提倡数学精神，并提出"抽象化与单纯化"的口号，那些缺乏明确秩序的东西，都被他们称作巴洛克，并且排斥。

产生于第一次世界大战期间的风格派对包豪斯乃至整个现代艺术设计风格产生了重大的影响，其影响范围不仅越出荷兰国界，成为欧洲前卫艺术先锋，而且对现代建筑和设计都产生了深远的影响。

在风格派看来，人类理想的生活方式应该是艺术化的，是一种全面和整体的生存方式，需要成熟的人类感情。按照对这种生存方式的解释，从事艺术的重要目的就是通过创造艺术来认识自己，从而踏出"回归自己"的路。可以说，风格派同时影响和改变着人类的生活。

俄国构成主义也同样影响着现代设计。俄国构成主义也被称为结构主义，发展于20世纪20年代。避开传统艺术材料，如油画、颜料等，利用现成物，如一块块金属、玻璃、木块等组合成的雕塑，试图透过不同的元素构筑新的现实。

构成主义的目的是改变旧的社会意识，提倡用新的观念去理解艺术工作和艺术在社会中所扮演的角色，提出设计为社会服务的理念，它对于工业设计的意义在于，将艺术家改造为设计师，尽管当时"设计"一词还没有出现，但他们还是采用了"生产艺术"这个字眼。

1.1.2　德国包豪斯艺术学院是构成教育的"始祖"

在现代设计史及现代设计教育史上，包豪斯构成理论是不得不提的，因为包豪斯构成理论及教育体系为现代设计奠定了基础。包豪斯留给我们的经典设计中最有意义并最具代表性的无疑是第一任校长格罗皮乌斯亲自设计的德绍时期校舍，如图1-4所示。

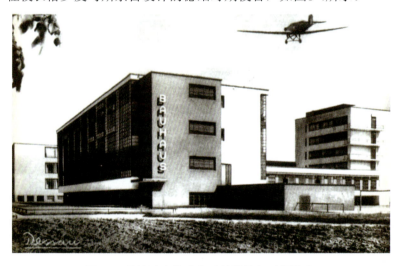

图1-4　格罗皮乌斯亲自设计的德绍时期校舍

在现代设计史上，包豪斯的构成理论奠定了现代工业设计的基础，包豪斯设计学院也成为现代设计师的摇篮。1927年米斯受学生启发而设计的钢管椅(见图1-5) 和包豪斯重要的基础课老师莫霍里·纳吉的平面设计作品(见图1-6) 都是以包豪斯构成理论为基础而设计的作品。

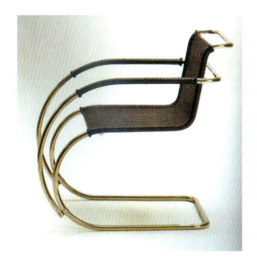
图1-5　钢管椅

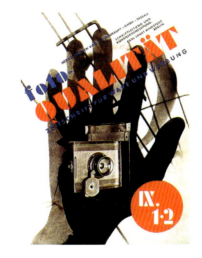
图1-6　莫霍里·纳吉的平面设计作品

包豪斯的构成理论产生于欧洲的产业革命，新思想、新观念催生了新的设计理念。英国的产业革命在由手工生产转向机械化生产的过程中，因受传统观念的影响，导致外观与工艺的矛盾。为此，包豪斯的设计师提出了"对材料的忠实"和"形式跟着功能走"的理念，并提出了以下几种观点。

(1) 艺术与技术的不可分割性。

(2) 艺术设计的目的是为人类服务。

(3) 产品的设计在美学和功能上要跟上时代的脚步。

(4) 造型的原始母体是单纯的几何形基因。

这些观点体现了现代设计的理念，具有鲜明的时代性。

真正体现包豪斯价值的教育理念是构成学，构成学奠定了包豪斯的历史地位，而立体构成更是让包豪斯的成就锦上添花。包豪斯对构成研究的成功得益于将材料作为创作形态的基础，不单要造型美，还要材质美，两者统一才有美感。

包豪斯在主要表现形式上体现了风格派的主张，即一切作品都要尽量简化为最简单的几何体(如立方体、圆锥体、球体、长方体)或是几何图形(如正方形、三角形、圆形、长方形等)，这种以几何形体构建的结构具有理性的逻辑思维，加上标准化的色彩，使人容易学习抽象造型，并掌握其规律、原理，进而通过不同的设计将其体现出来。如灯具、家具、染织品与建筑、广告等都有强烈的几何形式感，特别是建筑与工业设计以追求简洁为时尚，更体现出构成的科学性、合理性。

1.2 构成与立体构成

构成是一种能够激发和拓展人类本能的最基础的教育，是一种与人类密切相关的活动。通过上一节的学习，我们了解到，构成教育起源于德国的包豪斯设计学院，它开启了20世纪工业文明时代的设计教育新纪元。

构成教育是设计教育的基础,而立体构成是作为研究形态创造和造型设计的基础学科,是每个门类的设计师学习的必经之路。

1.2.1 构成的概念

构成具有组成的含义,是一种造型概念,指具有视觉化和力学观念的形态创造和基础造型。

构成是与人类生活和工作密切相关的活动,如在河流上建造桥梁等都体现了人类与生俱来的造型本能。图1-7所示为粽子包装的最初形态,体现了人类的造型本能。

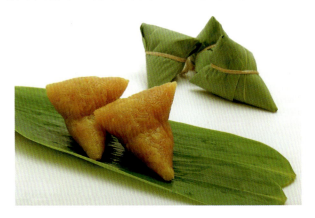

图1-7 粽子包装的最初形态

从构成的历史发展来看,构成并不是把人类的本性抹杀,而是将本能给予升华。构成的造型特点是人们体验创作的过程中充分发挥想象力。

构成是艺术设计的基础阶段,它与现代设计有机结合,不依赖于写生物象的表面,不受客体的局限,以提炼客观形态为前提,促使设计者从中得到启发,带来了科学性、逻辑性,同时也带来了艺术性。将构成置入设计中,可以使作品有艺术的直观效果。在设计过程中,过程的投入往往比结果更为重要,因为任何构思都是在构成中提炼,在过程中完善,在过程中成熟。

1.2.2 立体构成的概念

人们生活在立体的世界中,从日常使用的物品到所处的居住环境,三维空间与人们的生活息息相关,作为从事设计的工作者,为人类创造更多、更实用、更美观的物品是他们的任务。因此,有立体的空间意识,了解三维造型的基本原理和知识是非常必要的。

在国际上,立体构成既属于基础造型,又属于专业设计,被称为"构成学",涉及建筑设计、工业设计、雕塑等诸多领域,是一种以研究形态创造与造型设计为主的基础学科,强调造型美与材质美的有机统一。

立体构成旨在培养人的空间想象能力和思维意识,研究和探讨如何在三维空间中利用立体造型要素和语言。

立体构成是按照形式美的原理,创造出富有个性和审美价值的立体空间形态的学科,

图1-8中富有个性的桌子,就是利用形式美的园林设计而设计出的既有个性又符合审美标准和行为习惯的家具。

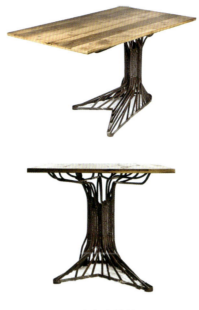

图1-8 富有个性的桌子

立体构成所创造的形态具有特殊的厚重感和分量感,其真实性和展示性更是二维空间所不能及的,通过三维造型,人们可以清楚地观察和欣赏到造型原理创造出的三维空间形态,享受立体造型带来的审美情趣。

立体构成的抽象性是它的显著特征之一。图1-9所示为包豪斯设计学院毕业生布兰特设计的具有抽象意味的铜壶,通过抽象展示形态,在抽象中体现形式美法则,特别是来自设计者内心充满激情的艺术感受。当然,即使这样,具象也不是立体构成所排斥的,具象形态中许多新奇的造型都可以为立体构成所借鉴。

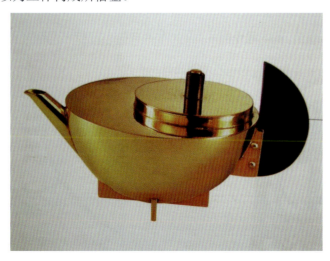

图1-9 铜壶

立体构成以追求创新思维为目的,在纯粹以美的形态为标准的过程中,将美、人性与科技完美融合,创造出既有时代感又散发人性光芒的立体形态。

除此之外,立体构成的特点还表现为系统性。立体构成的表现不是单一的,而是综合的,如建筑物的立体构成,综合了机械、工艺、技术等多种元素,因此,在制作形态时,必须充分考虑上述问题。要使立体构成具有理想的形态表现,就必须进行周密的思考,进行系统的研究和控制,如此才能创造出新颖的形态。

1.3 立体造型与空间

立体造型是由立体的构成元素相组合而构成具体的立体形态,这种造型具有一定的分量和体积。这里的立体是指具有体积或块面的实实在在的形体,是三维的空间实体。在立体造型中,空间离不开形体的塑造,形体与空间相辅相成,形体塑造于空间,空间以形体为界定,这种空间既是审美空间,又是实用空间。

1.3.1 立体空间

立体空间,是指能够占据一定的空间和位置的、以实物为中心的空间。因为立体空间有占据一定空间和位置的作用,因此,存在着实际空间和虚拟空间的差异,在设计中,称为虚形和实形。如果虚、实两者运用得当,会获得事半功倍的效果。

设计立体空间的作品,塑造立体形体,要了解并掌握立体形态的特征,掌握各元素之间的造型法则,把握造型的体积、块面、空间等,掌握各种表现技能,从而激发艺术的创造力,图1-10所示为折纸形状的灯具,就要求其设计者既了解灯的本质,又了解材质的本质。

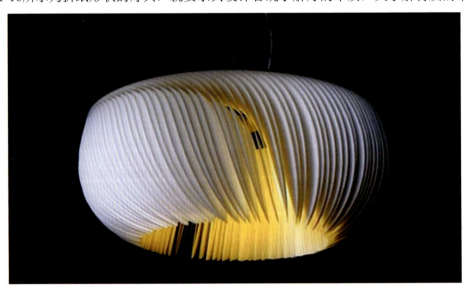

图1-10 折纸形状的灯具

除此之外,还需明白任何形体都可以还原到点、线、面构成的造型中。再繁杂的形态都能以最简单的方式将它提炼到几何形体中,如长方体、立方体、圆锥体、球体等,图1-11所示为简约时尚的家具设计,完全可以把它们归结为简单的立体形态。

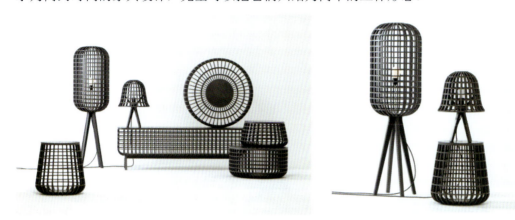

图1-11 简约时尚的家具设计

立体空间的涉及领域非常广,如文学、数学、音乐、电影、摄影等。因此,掌握立体构成及立体空间更需要设计师熟悉这方面的知识,不断总结、积累多方面的经验和洞察社会的能力,培养敏锐的观察力和想象力。将立体构成拓展到更多学科中,培养创造力和艺术才能。

1.3.2 空间构成的理念

空间对我们来说是无限的,以宇宙为例,这个浩渺的空间给我们十足的神秘感,为此,人类对空间有一种好奇和强烈的探索欲望,如自然界物质的结构、事物与事物之间的关系等。这种好奇促使人类自诞生之日起就开始考虑如何与自然界共生,如在古代,人类发明的生活器具都取之于自然界,为人类的生活提供了很多便利。

在过去,空间构成的结构合理性往往体现在它的使用功能上,然而,随着现代艺术设计的出现,设计师开始不满足于作品的使用功能,而是在造型上开始追求艺术方面的意义。现在的住宅,已经不是简单地仅能够满足居住需求的空间,更大的成分在于它的空间结构是具有欣赏性。

当结构成为艺术观赏内容的时候,日常用品的意义已经不只是具有供人使用的功能,而是可以体现人们的品位以及与环境的默契,更能彰显一种时代特征,在物质文化上留下明显的痕迹。

空间构成的理念还包括设计的物品应与环境相适应,在物品设计中,视觉关系并不是设计的最本质途径,而结构往往是最重要的,任何结构都应该处在环境之中,而不是与环境相孤立。也就是说,人们必须对结构所处的环境、结构所承担的功能做必要的分析。

除此之外,崇尚自然也是设计师注重的一种简洁、有力、柔性的结构形态理念,设计师只有在设计时充分调动环境中的有效因素,才能使结构与环境和谐。可见,结构不是一种完全独立的设计,它不但要与人类社会的适应性有关,还要与自然界的生态系统相统一。

源于自然而高于自然是今天设计师都认同的理念。现在很多设计都与空间的形态打交道，我们必须利用结构的材料和技术来完成空间结构的审美创造，这也是对空间构成理念最好的利用。

1.3.3　立体构成与空间结构系统

立体构成是艺术设计的基础课程，立体构成的训练也是一种基础训练，目的是让设计师了解结构的合理性、实用性和美观性之间的联系，从而利用物质结构完成设计内容。

合理性是指包括结构、功能、材料使用方面的物质结构的合理性，以及使用过程中的安全性和简洁性。图1-12所示为摩托车造型的木马，这款木马摒弃了传统造型，采用摩托车造型，酷酷的外形加上可以更换的头部装饰和碳纤维的质地，让这款产品特别突出。

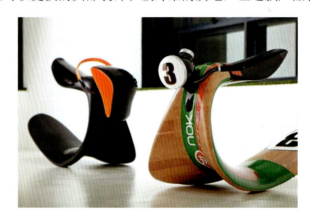

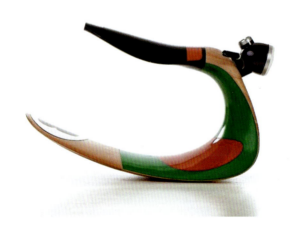

图1-12　摩托车造型的木马

实用性是指能够发挥自身结构的使用功能。

美观性是指以上两者得到体现之后，空间结构给人的视觉和心理带来的审美的愉悦，如图1-13所示。

树立正确的空间结构理念，是学习立体构成的首要任务。立体构成主要元素之间的相互协调是非常重要的。

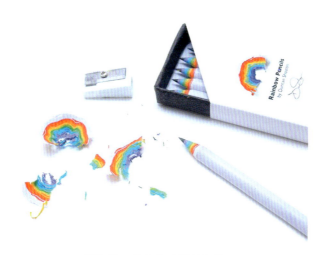

图1-13　具有美观性的铅笔屑

在完成空间结构设计的过程中，视觉空间与结构空间的关系是我们经常遇到的问题。视觉空间和结构空间同属于空间结构系统，属于该系统的两个方面。结构空间是视觉空间的主体，视觉空间通过结构空间来实现。视觉空间是结构空间的拓展，是结构空间的显现和补充，有着结构空间不可替代的作用。

空间结构的主体地位一方面需要实现结构的功能性，另一方面要实现结构的形式美感，使其与视觉环境和谐起来。空间的合理配置一方面要考虑结构上的承载，另一方面要考虑设计风格和审美心理等诸多问题，图1-14为纽约市地铁公共艺术设施，被命名为"地下生活"，这一系列公共艺术设施兼具了实用、美观的特性，还能与市民的审美相融合。

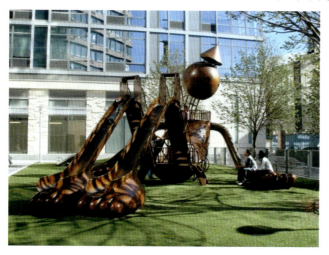

图1-14　纽约市地铁公共艺术设施

对于任何一个结构来说，结构的安全性是由其强度、刚性、稳定性综合决定的，其承载能力和传力方式是设计师必须面对的首要问题。例如，房屋的建设，尽管实用和美感是设计师需要考虑的，但房屋的承载能力和传力方式应该是设计师最先考虑的。

结构不是孤立存在的，而是一个强大的具有内在联系的系统，这种系统超过了我们肉眼可视的范围,甚至可以扩大到人的心理感受,立体构成的特征是结构以一定的形式和体量感出现,这也是结构设计的主要任务之一。

形式感是指结构的形式因素对人产生的某种感染力,如质地、色彩、线条等。当它们处于结构之中时,便会形成一个可塑造的整体形象。

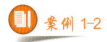

伯明翰图书馆

伯明翰图书馆(见图1-15)是一栋透明的玻璃建筑,其细腻的表皮与这座曾经的工业城市文脉息息相关。图书馆体量之间的错叠,还形成了屋面露台,屋面露台被设计成美丽的屋顶花园,称为"城市中的大阳台"。

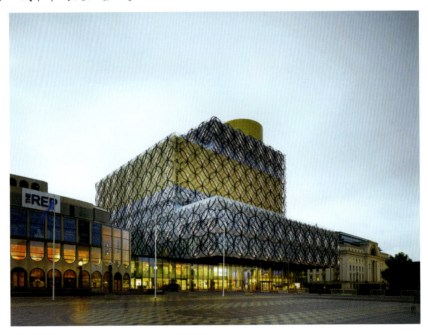

图1-15 伯明翰图书馆

伯明翰图书馆的设计中处处体现着"节能"意识。外皮的纹饰可以阻止过多的阳光进入建筑,同时让内部空间获取足够的自然光,外表皮的部分区域可打开,能自然通风。地面广场挖出的圆形庭院为地下层带来光明与通风。

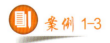

流 水 别 墅

1911年赖特在美国威斯康星州斯普林格林建造的"塔里埃森"应该是他"地理人文主

义"(后来被称为"有机建筑理论")的一次倾情演绎。从那以后,别墅被认为应该是有生命的、有主题的,可以亲山,可以亲水,可以亲沙漠,可以亲原野,可以亲一切……最重要的是,无论何种环境,家人可以共同去感受。别墅生活被认为是家庭观、人生观、价值观的延续,是人类最终生活理想的反映。著名建筑师弗兰克·劳埃德·赖特设计的"流水别墅"将这种态度推向了极致,如图1-16和图1-17所示。

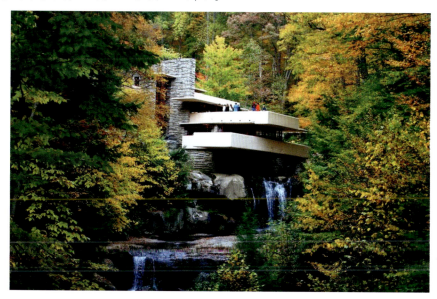

图1-16　流水别墅(1)

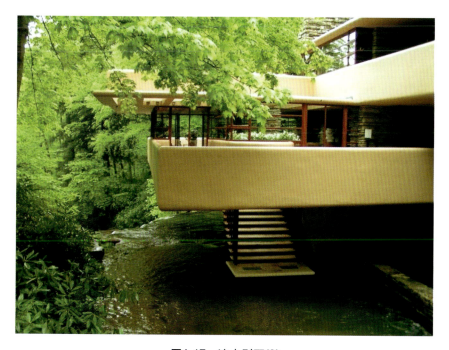

图1-17　流水别墅(2)

立体构成

"流水别墅"是赖特为考夫曼家族设计的。在瀑布之上,赖特实现了"方山之宅"(house on the mesa)的梦想,悬空的楼板固定在后面的自然山石中。主要的一层几乎是一个完整的大房间,通过空间处理而形成相互流通的各种从属空间,并且有小梯与下面的水池联系。正面的窗台与天棚之间是一块金属窗框的大玻璃,虚实对比十分强烈。"流水别墅"的整个构思是大胆的,是一栋无与伦比的著名的现代建筑。

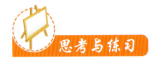
思考与练习

一、填空题

1. 构成观源于荷兰的_____,"构成"一词源于20世纪初俄国的_____。
2. 包豪斯留给我们的经典设计中最有意义并最具代表性的无疑是第一任校长_____亲自设计的德绍时期校舍。
3. 立体构成旨在培养人的_____和_____,研究和探讨如何在三维空间中利用立体造型要素和语言。

二、选择题

1. 风格派的主要创始人是(　　)。
   A．杜斯堡　　　　　　　B．蒙德里安
   C．V．胡萨尔　　　　　D．J.J.P.乌德
2. (　　)具有组成的含义,是一种造型概念,指具有视觉化和力学观念的形态创造和基础造型。
   A．立体构成　　　　　　B．空间结构
   C．构成　　　　　　　　D．空间构成
3. 立体造型是由立体的(　　)相组合而构成具体的立体形态,这种造型具有一定的分量和体积。
   A．面　　　　　　　　　B．线段
   C．元素　　　　　　　　D．构成元素

三、简答题

1. 包豪斯对艺术与设计的关系方面是怎样理解的?
2. 立体空间是什么?如何利用虚与实完成空间造型的效果?
3. 举例说明立体构成的概念和特征。

第2章

立体构成的空间造型及形态元素

立体构成

学习要点及目标

- 了解自然形态和人工形态的特征。
- 了解立体构成的元素。
- 了解各元素对立体构成的影响及意义。

本章导读

在立体构成中，形态是指物体或图形通过外部的点、线、面组合成的物体，是一种由不同块体构成的综合体。通过学习，我们发现，在自然界和人类社会中，立体空间造型的形态分为自然形态和人工形态。而无论是人工形态还是自然形态，它们都以立体的方式呈现，这些形态的基本要素归纳起来就是：点、线、面、块体。图2-1为中国云南著名的自然形态——石林，立体感较强。

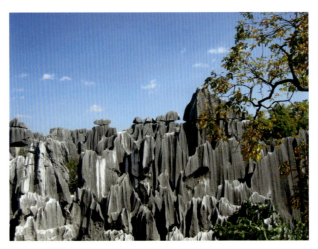

图2-1　中国云南著名的自然形态——石林

拥有世界上喀斯特地貌演化历史最久远、分布面积最广、类型齐全、形态独特的古生代喀斯特地貌群落——石林，被誉为"天下第一奇观"。

石林形态类型主要有剑状、塔状、蘑菇状及不规则柱状等。特别是这里连片出现的石柱群，远望如树林，人们望物生义称之为"石林"，"石林"一词即源于此地。石林地貌造型优美，似人似物，在美学上达到极高的境界，具有很高的旅游价值。

2.1　立体构成的空间造型

在每一个立体造型中，形态要素是除了机能要素、审美要素之外的另一个基本要素。形态是物质的表现，可以分为自然形态和人工形态。自然形态是在客观自然环境中用自然的力量成就的形态，图2-2所示为极端天气下的灯塔，虽然灯塔为人工形态，但冰冻带给灯塔新的装束。人工形态是人类根据自身的生存需要而创造的物质形态，人工形态的典型案例如建筑物等，如图2-3所示。不管是自然形态的立体空间造型还是人工形态的立体空间造型，都可以概括为点、线、面、块体、光、肌理、空间等。机能要素是形态中的组织元素所具备的功能，审美要素是立体空间造型呈现的独具特色的造型美感。

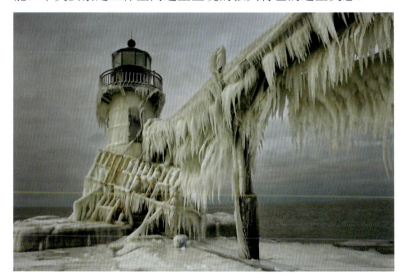

图2-2　极端天气下的灯塔

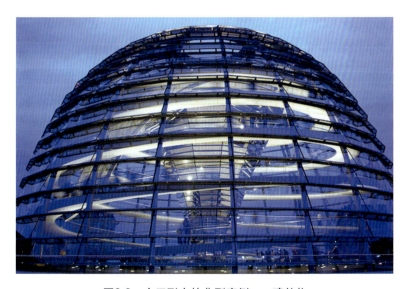

图2-3　人工形态的典型案例——建筑物

2.1.1　自然形态的空间造型

自然形态是指在大自然的力量下形成的各种可视或可触摸的形态，图2-4为美国的波浪谷，如海浪般的岩石结构形成于大约1.9亿年前，平滑的、带有雕塑感的砂岩和岩石上流畅的纹路创造了一种令人目眩的三维立体效果，这些都是大自然的功劳。

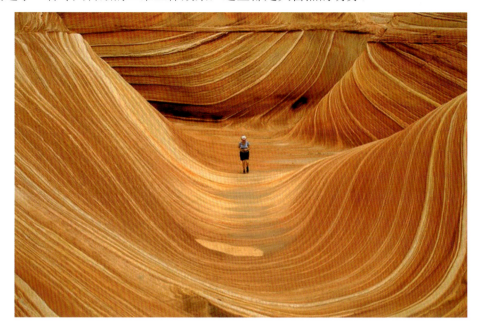

图2-4　美国的波浪谷

自然形态不随人的意志而改变，比如自然界中天然的山石、树木等，这些形态在经历过不断的地壳运动等变化之后，一些意想不到却具有极强美感的物质就不知不觉形成了。至今，还有很多极具美感的自然形态的空间造型是无法解开的谜团。

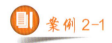

澳大利亚波浪岩

在澳大利亚西部谷物生长区边缘的海登城附近，有一个名叫海登岩的巨大岩层。在它的北端有一处奇特的景观，从远处看，就像平地上腾起一个滔天巨浪，来势汹汹；等走近一看，发现原来是一块倒立的巨型怪岩，颜色艳丽夺目，令人叹为观止，这就是被称为澳大利亚奇景的波浪岩，如图2-5所示。

波浪岩由于它像高高的海浪而得名。波浪岩露出地面的部分占地几公顷，高出平地15米。波浪岩的命名是因为它的形状很像一排即将破碎的巨大且冻结了的波浪，长度约110米。虽然波浪岩屹立在光秃、干燥的土地上，但它过去(大约在27亿年以前)可能部分是在地下，渗入地下的水将这侧面平直的岩石底面侵蚀掉了。

波浪岩岩石周围的土壤被冲刷掉，风随之而来改变着岩石的外形，风挟沙粒和尘土的吹蚀把较下层的外表挖去，留下呈蜷曲状的顶部。雨水将矿物质和化学物沿岩面冲刷下来，留下一条条红褐色、黑色、黄色和灰色的条纹，黑色在早晨的阳光下显得特别亮。

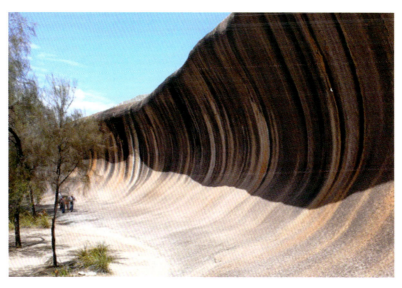

图2-5　澳大利亚的波浪岩

2.1.2　人工形态的空间造型

　　人工形态是指经过人类有意识地将各种视觉要素进行组合加工而生成的形态。它是人类有目的、有意识地创造出来的，渗透着人的智力和体力。可以说，人类文明发展的历史，也是人工形态创造的发展史。

　　相对于自然形态而言，人工形态是随着历史的发展，人类根据自己的需求而创造出来的形态。如服饰、汽车、建筑物、手机、计算机等，都是从实用性和功能性出发来设计其形态的。

　　图2-6所示的当代公共艺术雕塑，是将形态本身作为欣赏对象的纯艺术人工形态。

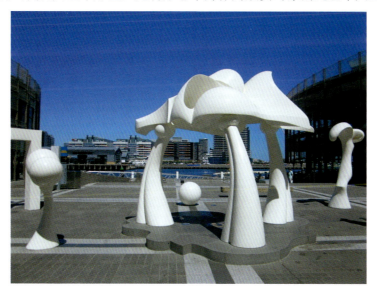

图2-6　当代公共艺术雕塑

由此可见，人工形态是根据人类的使用目的进行的创造，任何人工形态都是集科学性、审美性、实用性、功能性等于一体的综合体。

人工形态根据形态特征可以分为具象形态与抽象形态。

具象形态是依照客观物象的本来面貌构造的写实形态，这是一种模仿自然的形态，它与实际相近，能够反映物象细节并体现其真实性和典型性的面貌，如人物的写实雕塑、秦始皇陵兵马俑等。

抽象形态是在模仿自然的形态之后进行提炼的，正如毛泽东同志在《实践论》中所说："将丰富的感性材料加以去粗取精、去伪存真、由此及彼、由表及里的改造。"抽象的过程是提炼，但又不失事物的本质，它是人类对美的追求的一种新的思维方式。

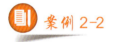
案例 2-2

具象的人工形态：秦始皇陵兵马俑

秦始皇陵位于陕西省西安市以东35公里的临潼区境内。秦始皇是中国历史上第一个多民族的中央集权国家的皇帝。秦始皇陵是于公元前246年至公元前208年营建的，也是中国历史上第一个皇帝陵园。秦始皇陵自嬴政初即位时(公元前246年)便开始修筑，至完工历时约40年，用工达70余万人次。秦始皇陵主要由地宫、封土、城垣与门阙，各种陪葬坑、陪葬墓，各种附属建筑以及陵邑等部分组成。整个陵园设计缜密、规模宏伟、埋藏丰富。陵园整体布局在继承前代传统葬式制度的基础上，又有许多创新。

秦始皇陵兵马俑坑(见图2-7)是秦始皇陵的陪葬坑，有三座，分别为一号坑、二号坑和三号坑，位于陵园东侧1500米处，坐东向西，呈"品"字形排列，三座俑坑占地面积达2万多平方米。秦始皇陵兵马俑的大型艺术群雕用高度概括和细腻的写实艺术手法，生动地再现了2000多年前秦军的磅礴气势。

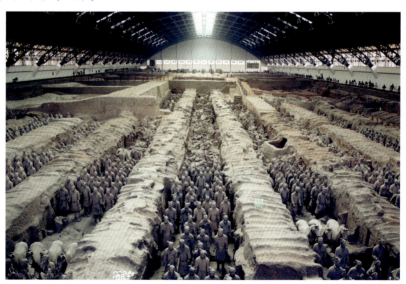

图2-7　秦始皇陵兵马俑坑

2.2 立体构成的形态元素

无论是人工形态还是自然形态，都由立体的形态呈现出来，这些形态的基本要素分为点、线、面、块体。丰富多彩的大千世界无论怎样分解，都离不开这四种要素。

点、线、面、块体是立体构成中的最基本的元素，是有厚度的，表现真实存在的三维空间。之所以将点、线、面、块体作为立体构成的形态元素，是因为这四者的高度概括性和视觉反映，能够更好地理解立体构成的一般规律。

2.2.1 点元素

立体构成的形态元素中，点是最基本、最简洁的几何形态。在几何学中，点只代表位置，没有大小、形状、方向、宽度、厚度之分，是一个零度空间的虚体。而在立体构成中，点是有位置、有长度、有厚度、有宽度、有方向、有大小的实体。

在立体构成中，点作为立体形态是一个相对的概念。点是立体构成中所有形态的基础，是形态中的最小单位，也是最常用的元素。图2-8为点在灯具中的运用，点的运用体现了这款灯具的简约大方。

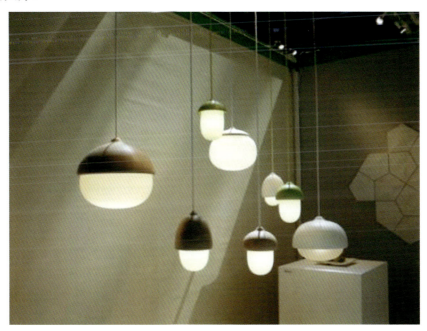

图2-8 点在灯具中的运用

点活泼多变的性质具有很强的视觉引导作用，在造型活动中，点常常被用来表现强调和节奏。例如，点的排列产生线，点的积聚产生面和体。

不同的点按照不同的排列方式会有不同的空间感，如图2-9～图2-11所示。

图2-9　两个点之间形成无形的线

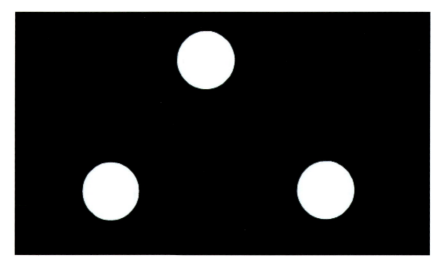

图2-10　三个点之间形成无形的三角形

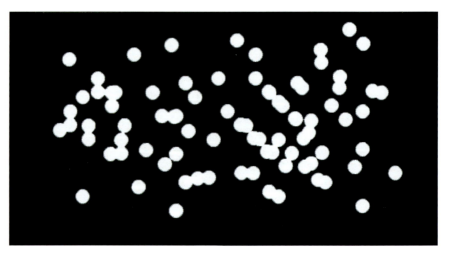

图2-11　视野内的点积聚为一个虚面

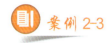 案例 2-3

仙人球沙发

这是一组吸引人眼球的仙人球沙发，形状全是用简单的球体配以个性的甚至令人发指的仙人球图案，大小不等，可以根据自己的喜好摆成各种形状。

图2-12和图2-13所示为组合在一起的仙人球沙发和单个的仙人球沙发，在这组设计中，最吸引眼球的不是点的造型，而是那让人出冷汗的仙人球图案。但是，从家具整体上看，由于该设计用了大小不等的仙人球，并且能够随意排列，因此，点在该设计中起到的吸引人眼球的作用非常鲜明，而且大大小小的排列比较有运动感。但是，单纯的点在立体构成作品中并不多见，因为点必须依赖支撑物，因此，点往往与线和面构成立体构成的作品。

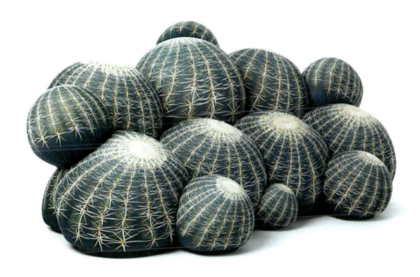

图2-12　组合在一起的仙人球沙发

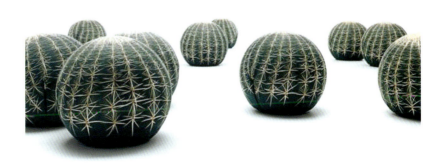

图2-13　单个的仙人球沙发

2.2.2 线元素

线也是立体构成的基本形态要素之一。几何学中的线有位置和长度，但不具有宽度和厚度。线在形态上可以分为直线和曲线两大类。其中，直线给人稳固的感觉，曲线给人柔美的感觉。

在立体构成中，线是具有长度、宽度及深度三度空间的实体，与几何学上的线不同，在立体构成中，只要能与周围的视觉要素比较出线的特征，都可以称之为线。

按照材质的不同，在立体构成中，线可以分为硬线和软线：硬线是硬质材料制作的线，如木条、塑料杆、金属线等；软线是软质材料做成的线，如毛线、棉线、麻线、发丝等。

线是构成空间立体的基础，线的不同组合方式可以构成千变万化的空间形态。

在立体造型中，线的功能很重要。线能够决定形的方向，也可以形成某种结构的骨架，亦可以形成形的轮廓线。线常常给人以纤细、流畅、轻巧的感觉。用不规则的线做成立体造型的灯具会有意想不到的效果，如图2-14所示。

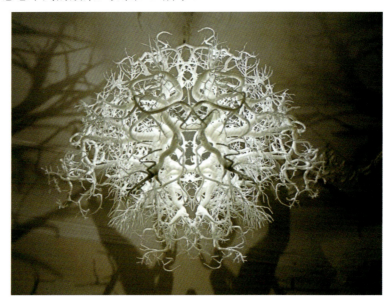

图2-14　用不规则线做成的立体造型灯具

线的构成方法有很多，依据线的特性，不同的线会表现出不同的效果。线带给我们的视觉特征比较丰富。

第一，线因为质感不同，可以非常细腻地传递精神信息。粗线给我们刚强的感觉，细线给我们纤弱的感觉，直线给我们正直的感觉，曲线给我们柔和的感觉。总而言之，不同的线会给我们不同的感觉。

第二，线的组合具有表现力，比如在绘画的构图中，透视角度的线给人纵深感，整齐排列的线给人秩序感。

第三，图2-15所示为银河SOHO的外观，可以看出线相对于面更具运动感。

第四，在造型活动中，线的形状、方向、色彩、材料等都可以展现不同的立体造型。

立体构成的造型必须是材料、内容和形式的完美结合，在进行线的立体构成练习时，材料直接影响了立体造型的表达,然而,并不是只有昂贵的材料才能做出艺术性的立体造型。

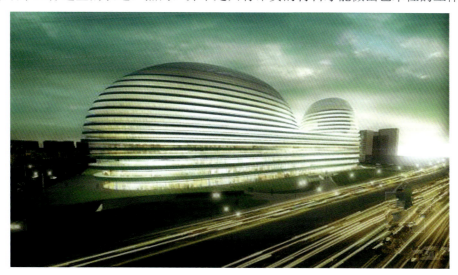

图2-15　银河SOHO外观

图2-16所示为用简单木棍组合的线的立体构成,依据造型的思想内涵和表现形式,合理地利用材料,就能恰到好处地表现出设计师的独具匠心。

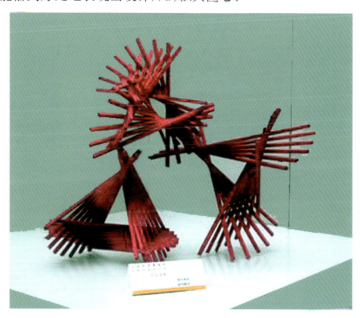

图2-16　用简单木棍组合的线的立体构成

2.2.3　面元素

在几何学中,面没有厚度,只有长度和宽度,面是由点的密集排列和线的排列形成的。在立体造型中,面元素塑造的形体具有很好的分量感。同时,面具有延展感,稍微进行加工，面就能够成为块体。

同点、线一样，面元素也具有较强的视觉性，不同的形状具有不同的视觉感受。在现代化都市中，多数建筑都是由具有棱角的面组成的，这种面给人硬朗、大气的感觉，同时也会给人冷漠、工业化的感觉，而圆形、弧形的面，则给人自然活泼、丰富温柔的感觉。不规则的面具有变化性，可使人产生十分丰富的视觉感受。

面元素有以下几种作用。

(1) 增强视觉效果，面的反复使用可以增加厚重感，如图2-17所示。

(2) 可以分割空间。

(3) 具有一定的支撑力。

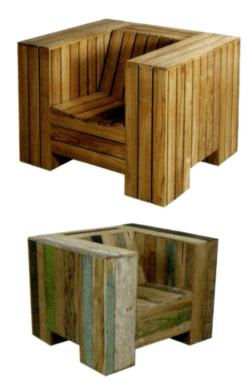

图2-17　不同的面组成的具有厚重感的椅子

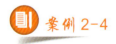

意大利手工制作多功能书架

图2-18所示为意大利手工制作的多功能书架，它摒弃了传统书架的理念，既是书架又是衣服架，还可以作为自行车固定架。在这个设计中，每一个模块可围绕其内部的轴旋转，木块的一端设计成挂钩，实现"挂"的功能。该设计不仅完成了分割空间的功能，而且满足了空间构成的实用性。生活的多变，在这个设计中被淋漓尽致地体现出来。

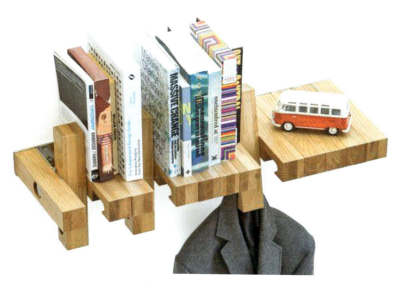

图2-18 手工多功能书架

2.2.4 块体元素

在造型设计中，无论是艺术品还是生活用品，块体元素都应用得非常普遍(见图2-19)，大到建筑，小到餐具，块体的使用非常常见。

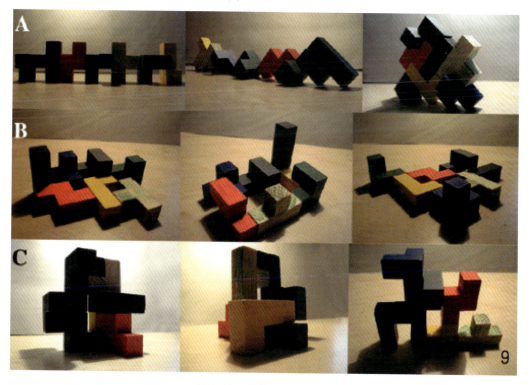

图2-19 块体元素的应用

块体可以分为空心块体和实心块体。空心块体给人镂空的感觉,实心块体给人厚重的感觉。

从视觉方面看,块体较点、线、面有不同的视觉特征。

(1) 占有一定的空间,有强烈的空间感。
(2) 更具有重量感。
(3) 一些规则的块体,如正方体、长方体、球体等,具有秩序、稳重的感觉。
(4) 不规则的块体给人活泼的感觉。
(5) 不同体量的块体给人不同的感觉。

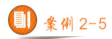案例 2-5

大 雁 塔

大雁塔(见图 2-20)被视为古都西安的象征,是全国重点文物保护单位,也是国家文物局公布的首批丝绸之路申遗中国段 22 处申遗点之一。大雁塔作为现存最早、规模最大的唐代四方楼阁式砖塔,是佛塔这一印度佛寺的建筑形式随着佛教的传播而向东传入中原地区并融入汉文化的典型物证,是凝聚了汉族劳动人民智慧结晶的标志性建筑。

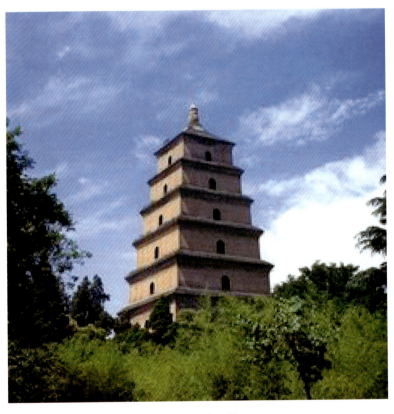

图 2-20　大雁塔

民间人士道:"不到大雁塔,不算到西安。"大雁塔又名大慈恩寺塔,位于中国陕西省西安市南郊大慈恩寺内。因坐落在慈恩寺西院内,大雁塔原称慈恩寺西院浮屠(浮屠即塔的意思),是中国唐朝佛教建筑艺术的杰作。

大雁塔的设计融合了点、线、面、块体的立体形态元素,它是砖仿木结构的四方形楼阁式砖塔,其由塔基、塔体、塔刹组成。塔基高4.2米,南北长约48.7米,东西长约45.7米;塔体呈方锥形,平面呈正方形,底边长为25.5米;塔刹高4.87米。塔体各层均以青砖模仿唐代建筑,砌檐柱、斗拱、栏额、檩枋、檐椽、飞椽等仿木结构,磨砖对缝砌成,结构严整,坚固异常。塔身各层壁面都用砖砌扁柱和阑额,柱的上部施有大斗,在每层四面的正中各开辟一个砖拱券门洞。塔内的平面也呈方形,各层均有楼板,设置扶梯,可盘旋而上至塔顶。一、二层多起方柱隔为九开间,三、四层为七开间,五~七层为五开间。塔上陈列有佛舍利子、佛足石刻、唐僧取经足迹石刻等。

塔的底层四面皆有石门,门楣上均有精美的线刻佛像,西门楣为阿弥陀佛说法图,图中刻有富丽堂皇的殿堂。画面布局严谨,线条遒劲流畅,传为唐代画家阎立本的手笔。底层南门洞两侧镶嵌着唐代书法家褚遂良所书、唐太宗李世民所撰的《大唐三藏圣教序》和唐高宗李治所撰的《大唐三藏圣教序记》两通石碑,具有很高的艺术价值,人称"一圣三绝碑"。

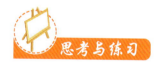

一、填空题

1. 人工形态是指经过人类_____将各种视觉要素进行组合加工而生成的形态。
2. 无论是人工形态还是自然形态,都由立体的形态呈现出来,这些形态的基本要素分为_____、_____、_____、_____。
3. 在立体造型中,_____元素塑造的形体具有很好的分量感。

二、选择题

1. 立体构成的形态元素中,(　　)是最基本、最简洁的几何形态。
    A. 点　　　　　　　　　　　　B. 线
    C. 面　　　　　　　　　　　　D. 块体
2. (　　)是指在大自然的力量下形成的各种可视或可触摸的形态。
    A. 人工形态　　　　　　　　　B. 立体形态
    C. 自然形态　　　　　　　　　D. 空间形态
3. 以下不属于块体元素特征的是(　　)。
    A. 占有一定的空间,有强烈的空间感
    B. 更具有重量感

C．具有秩序、稳重的感觉
D．给人纤细、流畅、轻巧的感觉

三、简答题

1．点、线、面、块体在立体空间造型中有什么作用？
2．点、线、面、块体四者有何区别与联系？

第3章

立体构成的艺术感及形式美法则

立体构成

学习要点及目标

- 了解立体构成几大感觉的内容与特征。
- 熟知立体构成的几大形式美法则。

本章导读

现实世界中的物象以一种奇妙的形式触动我们的视觉，与我们的心灵产生共鸣。人们通过对立体感觉的培养及长时间的归纳与总结，可知没有一种艺术形式是为了自身的存在而存在，而是要再现超出它自身存在之外的某种东西。也就是说，所有自然构成要素都有一定的法则，即立体构成的形式美法则。

图3-1所示的这款包装设计不仅展现了一种视觉形象，其典雅的色彩也会给产品本身加分，表现出产品的生命活力。

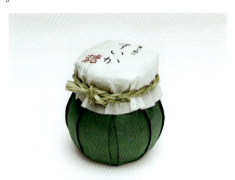

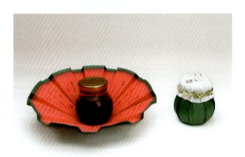

图3-1　产品包装表现的视觉形象

3.1 立体构成的艺术感

何谓艺术品？艺术品就是对情感概念的呈现。它不光是工艺的呈现，还是艺术家感觉的呈现。因此，它不只是视觉形象，还具有人类的情感，具有某种生命的活力。艺术品的创造也依靠艺术家的感觉。

艺术领域的感觉带有知觉的性质，是关于对象和现象的整体形象，艺术感觉并不来自客观存在的刺激，而是人们观察客观事物之后留下的认识的经验。因为感觉是影响作品优劣的关键因素，能够帮助我们透过现象抓住形态的本质，因此，艺术家和设计师的主要任务就是培养感觉和直观判断力。

3.1.1 量感

除了物理上的量的概念，心理上也有量的存在。这种心理上的感受是无法测量的。例如，在绘画中，由于透视的存在，就会产生"近大远小"的量的感觉，近者与远者，即使物理上的量是相同的，心理上的量感也是不同的，如图3-2所示。

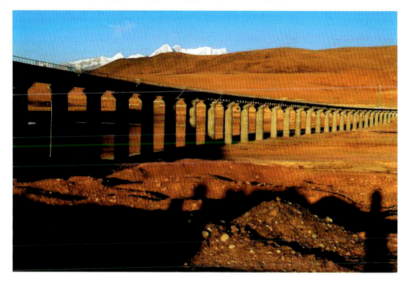

图3-2　同样体量的物体因空间的排列不同会给人不同的心理感受

所谓量感，就是指心理对形态本质的感受，这种形态本质也是内力的运动变化。内力的运动变化通过形体的外在展现出来。量感可以是体积感、容量感、重量感、数量感、界限感、力度感等。

物体的体量美是作品是否有艺术性的关键。量感是主体对客体的缘于内心的感受，是使抽象形态具象化的核心。对于设计者来说，就是通过物理量感获得美的感受。

量感的艺术内涵使物体具有生命活力。量感，是充满生命活力的形体所具有的生长和运动状态在人们头脑中的反映。只要有意识地塑造，使作品具有对外的张力、自在生命力和运动感，就表达了量感。

我们知道，生命活力是艺术创造追求的目标。给形态注入生命活力的方法，是从自然和生活中提取生物生长变化的表现形式及其景深效果，将这种表现形式利用到形态创造上来表达某种精神活力，从而获得一种美的感受。图3-3所示为雕塑《和平的柱》(贝维斯内尔，1954年，青铜，高134 cm)，四根小柱成束状向上跳动着，锐利地刺向空中，象征着无所畏惧、坚贞不屈的意志。

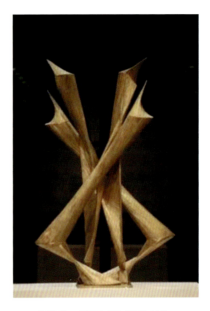

图3-3　雕塑《和平的柱》

　　图3-4所示的卧像或者斜倚的人体是亨利·摩尔雕塑创作的三大题材之一。这些雕塑作品都表现出一种巨大的生命力和内在的张力，这与艺术家对自然的感悟和艺术根基是分不开的。

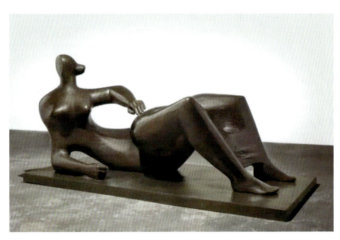

图3-4　雕塑《卧像》

3.1.2　空间感

　　过去的很多美学家和艺术理论家，多将艺术分为空间的和时间的，这种认识是片面的，因为空间与时间是不可分割的整体。长期以来，我们忽视了通过感觉经验去理解事物的天赋。

　　人类的空间观念，是各种感官相互协调的结果，是外界事物与人的自身相互协调之后确定的空间的存在。没有身体运动的经验就谈不上空间的知觉，"近大远小"的空间感就是人们在长期的经验下获得的判断，如图3-5所示。人对空间的距离、大小的判断，最终无须触觉的介入，凭视觉就能大致解决问题，这是视觉经验积累的结果，因此，人们能够很清楚地在图中看出空间感。

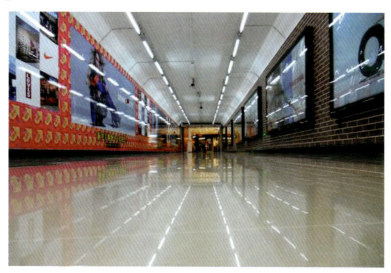

图3-5 "近大远小"的空间感

人们对空间的概念不仅仅局限在三维空间中，而是通过人的意识形态的作用将空间的概念延续。人们对空间的概念大概分为两类：物理空间和心理空间。物理空间是实际存在的空间，心理空间是指实际不存在但人的思维活动能够感受到的空间。

心理学证实，视觉形象不是对感性材料的机械复制，而是对现实的一种创造性把握，它把握到的形象是具有想象力、独创性和敏锐性的美的形象。

对于设计者而言，所创造的视觉形象应该努力留给观赏者发挥想象的空间并进行暗示、启发、诱导。一件好的作品能让人产生无限的遐想和精神的满足，这种联想是不受空间和时间限制的。

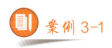

雕塑：思想改变世界

这组雕塑是美国一家非营利机构TED设计的，旨在传播正思想、正能量，从而改变生活、改变世界。仔细看，这些排列整齐的小人经过大脑之后逐渐发生了变化：弃枪反战的士兵、放下扫帚拎起手包的妇女、逐渐不黑白分明的队伍等。而引领这些正能量的有：约翰·温斯顿·列侬，披头士乐队成员，反战者；艾薇塔·贝隆，阿根廷第一夫人，在短暂生命中致力于扶贫救难；马丁·路德·金，解放黑人等，这些人都拥有鲜明的思想，正直的人性光辉。正如巴尔扎克所说：一个有思想的人，才是一个力量无边的人，足见思想之可贵和重要。

由图3-6所示的具有空间感的正能量雕塑可以看出,雕塑的空间感不仅是指物体本身的空间感,而且指该物体对于人们所产生的心理反应的空间感,换句话说,心理上的空间感与物体本身的物理空间感同样重要。

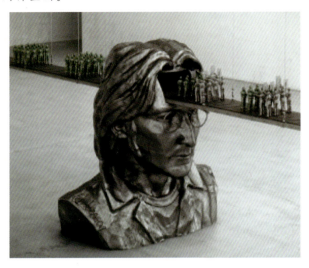

图3-6　具有空间感的正能量雕塑

3.1.3　肌理感

肌理按照形成过程的不同可以分为天然肌理和人为肌理。天然的木材形成的肌理为天然肌理,如图3-7所示;老房门的肌理为人为肌理,如图3-8所示。

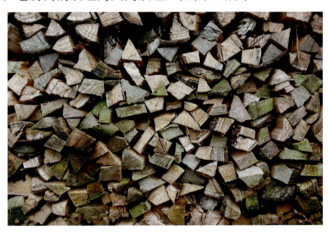

图3-7　天然的木材形成的肌理

立体构成是借助材料来实现的,材料的表现力影响着设计师的能力。

肌理是由触视觉引起的心理感受。肌理的创造非常强调造型性。肌理按照视触觉可分为视觉肌理和触觉肌理。由物体表面组织构造所引起的视觉之感,称为视觉肌理感。同理,由物体表面组织构造所引起的触觉之感,称为触觉肌理感。

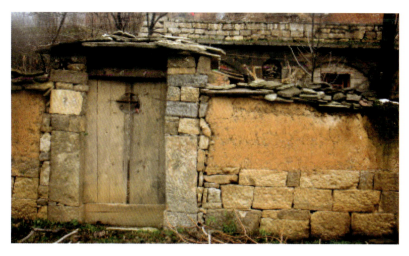

图3-8　老房门的肌理

肌理在造型中有以下几种作用。

(1) 肌理可以增强立体感。不同的肌理处理能够产生肌理感。

(2) 肌理能够丰富立体形态的表情。从建筑形态上看，肌理虽然依附于建筑空间的材质，但又反过来决定壁面表皮的轻重，构成建筑形式的意义。

(3) 肌理能够传递信息。肌埋有一次肌理和二次肌理的区别。一次肌理是邻近接触的效果，二次肌理是远看的视觉效果。不管是一次肌理还是二次肌理，都有传递信息的功能，如一些日常用品，像按钮、盖子、开关等，肌理感觉的不同传递给人们的信息也不同。

肌理有不同的形态，其中包括偶然形态、几何形态和有机形态。

偶然形态是不可有意识重复的形态，具有偶然性。如纸褶皱后产生的自然肌理，如图3-9所示，就是偶然形态，艺术的偶然形态在立体构成中并不容易获得。

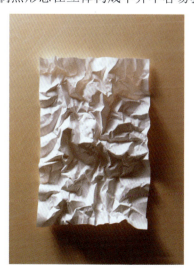

图3-9　纸褶皱后产生的自然肌理

几何形态是一种可以重复的形态，一般的机械加工都属于几何形态，其具有理性、明快、准确的特点。

有机形态是强调内力运动变化的形态,它不像偶然形态那样自由,也不像几何形态那样规整,它既有自然美又有人工美,且具有合理的、完整的机能美,如河滩上排列好的卵石。

肌理不是独立存在的,同时形体表面的组织结构与形体有密切的关系,并对造型有重要的作用,可以增强立体感,消除单调。

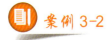
案例 3-2

雕塑《枪》

雕塑《枪》(见图3-10)是加拿大艺术家桑德拉·布隆姆雷和瓦利斯·肯达尔创作的作品,从雕塑本身看,他们制作的目的是揭示暴力文化仍充斥现代社会,想在思想上和情感上唤起人们对暴力本质的认识。从立体造型的肌理角度看,这座雕塑将7000件武器焊接起来,从视觉上能够给人一种震撼,故而,这种肌理感觉被称为视觉肌理。

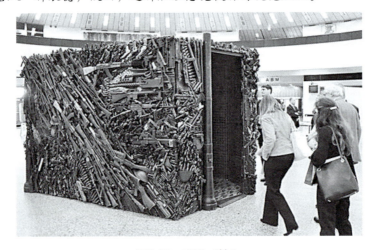

图3-10 雕塑《枪》

3.1.4 错觉

艺术与错觉有密切的联系,艺术源于生活,具有真实性;艺术又高于生活,具有对生活的概括性。当艺术高于生活时,人们对事物的判断就有了准确知觉与错觉。

错觉是一种知觉现象,以视错觉为例,知觉通过心理来判断,并通过人眼传递给大脑进行判断。这就有了人们常说的:不仅要用眼看,更要用心看。

视错觉是艺术家不可忽略的问题。视错觉是主观视觉与客观存在不一致的状况。视错觉不仅在立体造型中具有很多情况,而且在几何造型、色彩、运动等领域也多有涉及,本书将重点从立体造型的方面进行论述。

立体造型可以通过不同的角度看到不同的形态,只有通过一个特定的视点才可能推论和思考出错觉。特定的视点可以通过特定的角度观察出具有独特意义的形态。如我们常在超市里看到的立体画,其实是平面的,但通过某个特定的角度会呈现立体的效果,如图3-11所示。再如舞台,也是利用了观众席特定的位置进行设计的,如果从这一特定角度之外的角度观察会发现舞台上的特定设计都是平面的。

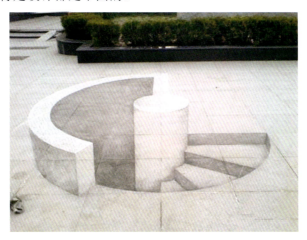

图3-11　画在地上的立体画

3.2　立体构成的形式美法则

英国艺术家H.里德曾说:"如同艺术中的形式要素一样,人的美感是一种持久的、静态的因素;可变因素则是指人们在其感觉印象的抽象过程中所形成的那种表现力。"

随着物质生活水平的提高,人们对于精神世界的要求也有了新的要求。逐渐地,人们对于美的要求也开始有了一种万变不离其宗的形式美法则。形态是由造型元素组合在一起的,元素通过形式美法则合理地组织和安排,图3-12所示为上海世博会浦西园区内以废旧螺丝、齿轮制作的球形雕塑。当我们对这些形态进行分类之后,就会发现它们之间的相似,进而进行总结,便会发现这些视觉形式有多种共同点,如对比与统一、对称与均衡、意境与联想等,这就要求我们将这些形式美的特点进行归类,以便于设计工作者进行设计。

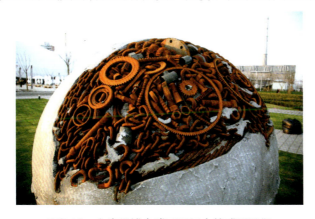

图3-12　上海世博会浦西园区内的球形雕塑

3.2.1 对比与统一

对比与统一是形式美法则中的重要法则，也是一对相互依存又相互矛盾的统一体，是立体空间构成中最重要的原则之一。

亚里士多德认为，艺术品没必要表现为适当的排列、比例和一定的形状，艺术的美是因为它是一个有机的整体，"美是和谐与比例"，从而达到统一中有变化，变化中有统一。立体构成的对比与统一是相互依存的，是共同为了艺术品的和谐而存在的。

立体是两个或两个以上的事物相互比较，运用对比将事物的好与坏、美与丑揭示出来，给人留下深刻的印象。立体构成中的对比是指在立体构成中，构成的各要素以对比的形式存在，如形状的对比、方向的对比，如图3-13所示。方向的对比可以改变呆板、停滞的感觉，给欣赏者带来活泼、富有生气的造型和审美意识。

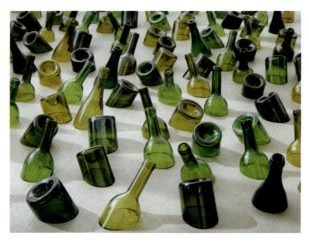

图3-13　方向的对比

在对比中，应该极大限度地满足各元素之间的差异性，从而使立体形态更加具有运动感和生命力。

在立体构成中，对比是通过色彩的对比、肌理的对比、形体的对比、材质的对比来完成的，当然，也包括实体与空间的对比。

统一是指从物质形态上讲大千世界回归至物质的统一。统一是与对比相矛盾的概念，是指在立体构成中，构成的各要素以共性的形式存在，以求差异性的减弱，从而获得统一。对立体构成统一的要求是为了从全局掌控造型表现，以免造型因重视对比而杂乱无章、支离破碎。换句话讲，统一就是要求设计者协调立体形态各要素之间的关系。

把立体构成中的不同元素和形态、形式、材质统一起来，为立体构成的最终形态服务。例如，在制作一个立体构成作品时，这里以材料因素的选择为例，选择时要选一个主要材料，其他材料作为辅助材料，如果材料的对比过多，就很难统一，从而影响立体构成形态的呈现。

在立体构成中，对比与统一是相辅相成的，是矛盾而辩证的，可以体现为以下几点。

(1) 形体上的对比与统一。不同的形状使形体呈现对比与统一的关系。

(2) 色彩的对比与统一。在立体构成中，色彩的对比与统一会形成不同的色彩关系，如色相的对比与统一、明度的对比与统一、纯度的对比与统一等，如果色彩协调得好，便会给人秩序感。

(3) 形体与空间的对比与调和。形体和空间是不可分割的整体，人们既可以从立体的角度欣赏形体，又能够从理性和情感的角度了解形体与空间的关系。

3.2.2 节奏与韵律

在立体构成中，节奏与韵律在多种方式中存在，节奏是韵律的单纯化，韵律是节奏形式的丰富化。例如，立体构成中的点、线、面各元素都可以通过排列的不同、大小的不同、疏密的不同形成节奏，如上海世博会中的西班牙馆、加拿大馆都体现了面与面组成的节奏与韵律。

节奏是音乐中节拍轻重缓急的变化和重复，在立体构成中，节奏是同一元素重复时产生的运动感。

立体构成中节奏感的强弱与构成元素的复杂程度有关，元素复杂，节奏就强；元素简洁，节奏就弱。

立体构成中的韵律源于各元素的反复出现，元素在不同地方的反复出现能够增强韵律感，如图3-14所示。

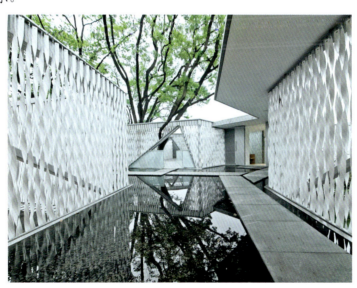

图3-14 元素在不同地方的反复出现能够增强韵律感

和对比与统一一样，节奏与韵律也是密不可分的统一体，是感受和创作的关键。节奏与韵律存在于人们的日常生活中，很多建筑以复杂的形式表现美感。体现形体韵律美的重复方式有两种，一是形状的重复，二是尺寸的重复。

以渐变构成节奏感也是表现形式之一，通过色彩、形状、肌理、材质等有规律地渐变使立体造型更加丰富。即使是一个简单的元素，通过渐变也能获得丰富的效果。

图3-15所示为挪威国家石油公司总部办公楼，在空间环境中，韵律既存在于外部空间，又存在于内部空间，当点、线、面等构成元素以韵律的形式出现时，会表现出它的魅力。从

现代的很多建筑来看，内部韵律和外部韵律会通过特定的形式表现出来，从而体现建筑的韵律美。

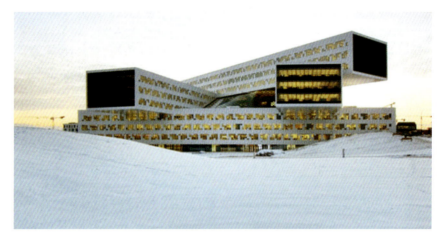

图3-15 挪威国家石油公司总部办公楼

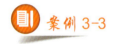 案例 3-3

圣阿尔费奇教学楼

圣阿尔费奇教学楼(见图3-16)是由Design Engine建筑有限公司为英国温彻斯特大学设计的。项目主旨是在一栋大楼内为大约600名学生提供8个教学空间。教学楼位于边缘地带，占据了较高的突出位置并面向周围的绿色开敞空间，能够被附近居民看到。同时也突出了建筑的沿街立面，以一个特别的标识突出学校的入口空间。

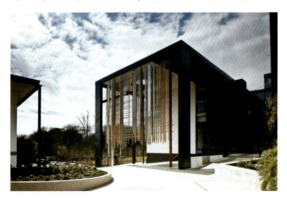 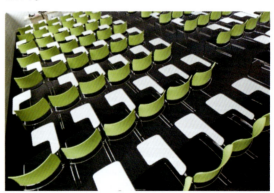

图3-16 圣阿尔费奇教学楼

这座教学楼采用了一系列简单的材质。外部使用低能耗的雨屏纤维水泥板、自然通风的连续深灰色百叶窗系统和深灰色铝制幕墙系统。建造中采用一个主要的钢结构框架和块墙。整幢建筑营造了既简约又富有韵律感和节奏感的外观与内在。

3.2.3 比例与尺度

1. 比例

比例是物与物相比形成的概念，尺度是物与人相比形成的概念。

在立体构成中，比例是指形体整体与部分、部分与部分之间的比例关系所体现出的美感。形体的比例是可以通过视觉来感知和认识的，因此，符合人的审美要求的比例才能创造出令人愉悦的作品。

仔细观察，能够惊奇地发现，自然界中很多事物都符合黄金分割，如图3-17所示。黄金分割就是数学上的一个比例关系，广泛用于器物和艺术品的设计与制作，也用于物体的美学分析。在现代的艺术与设计中，根据黄金分割律来创作作品也成为法则之一。

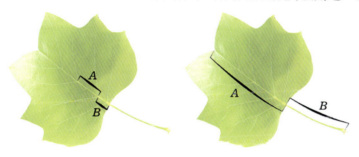

图3-17　植物叶子的黄金分割

在制作立体构成作品的过程中，有四种分割法，即等形分割法——形态和重量完全相同的分割法，等量分割法——形状不等重量相等的分割法，自由分割法——不规则、自由性的分割法，等比分割法——一组数列中比值不变的分割法。

2. 尺度

尺度是人们衡量立体形态的尺寸，人们在接受不同的形体时会产生不同的心理反应，每种形态都有自身相应的尺寸，因此，设计师的任务就是设计出既能体现合理性又能引起人们心理愉悦的立体构成形态。

3.2.4 对称与均衡

在立体构成中，对称与均衡是指视觉上达到一种平衡的状态，如果两者平衡得当，就会产生一种美的感觉。

对称原义指"同时被计量"，是指在中轴线两边的单位可以被一个公共的单位除尽。在平面构成中，对称被称为均齐。早在几千年前，人们就已经开始用对称来进行平面设计，也会利用对称来设计园林、建筑，如图3-18所示。当对称出现在空间形态中时，会给人自然、安定、均匀、整齐端庄的美感，给人一种视觉的愉悦享受。

对称的特点是具有规律性，整齐、统一。以建筑为例，很多建筑为了体现庄重都会强调对称性，形态越复杂的建筑越强调对称性，如皇家园林建筑、市政大楼等。

立体构成

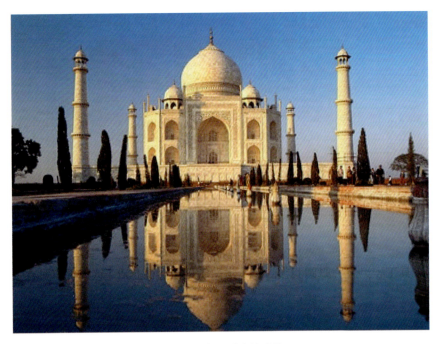

图3-18　中心对称的建筑

值得注意的是，立体构成中的对称会造成呆板、单调的感觉，因此，在设计时加入不对称的因素会避免这一问题。

均衡也称平衡，是建立在力学基础上，追求视觉上的平衡。

均衡式的造型结构相对自由，大都是左右对称、上下均衡。均衡有对称的平衡与非对称的平衡，均衡与对称是相互联系的两个方面。

对称与均衡的造型是两种重心稳定的造型形式。对称式的构图要求以中轴线或中心点为准，结构要严谨。均衡式构图要求以中轴线或中心点为依据，图形可以等量不等形，只要在结构上重心稳定，达到视觉的平衡即可。

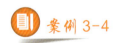案例 3-4

雀巢巧克力博物馆

雀巢巧克力工厂希望建筑师建造一条内部通道，使参观者能够观看到巧克力的制作过程。Rojkind建筑事务所仅用了两个半月的时间就在墨西哥城修建了这座雀巢巧克力博物馆(见图3-19)，博物馆沿着高速公路展开的300米长的立面形成了雀巢巧克力厂的新形象。建筑的鲜红色调让人一下就想到雀巢的KitKat巧克力，善于把折线玩得出神入化的Rojkind Arquitectos为博物馆赋予一个有趣的外形和室内空间，沿着这个弯曲的"管道"前行，并在适当的场所让参观者驻足观看，可以一路体验雀巢在这座城市的成长历程。一期工程建造了634平方米的空间作为儿童体验博物馆的主要入口，孩子们在这里能愉快地开始巧克力之旅，游戏区、接待区和剧院以及商店和通往老厂的隧道为孩子们创造了丰富的体验经历。

巴西建筑师Metro完成了这座红色玻璃巧克力博物馆建筑。这座时尚的建筑将道路和巴西原有的巧克力工厂周围的建筑结合了起来。透过隧道之间的窗户和工厂的墙壁，参观者可以看到内部巧克力的加工程序。钢铁框架的两端有两座塔状建筑，那里有入口和楼梯的出口。这座建筑位于圣保罗和里约热内户之间的高速公路旁边，来往的车辆和行人都能够看到亮红色的雀巢博物馆建筑。

雀巢巧克力博物馆的形状既像折叠的纸鸟，又像一艘宇宙飞船，根据前来参观者的想象力可以不断变化，这是雀巢巧克力博物馆的特征，也是当时设计师的设计理念。

以多面体的外部结构所营造出来的视觉空间既在色彩对比上突出雀巢巧克力的色彩特征，又在形体上充满了趣味和视觉张力。

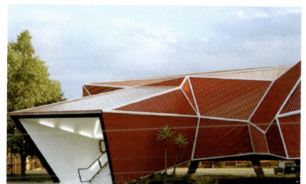 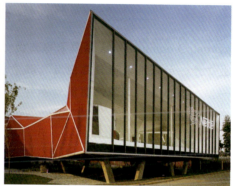

图3-19　雀巢巧克力博物馆

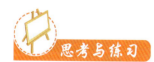

一、填空题

1．所谓量感，就是指心理量对形态本质的感受，这种形态本质也是_____。
2．肌理按照形成过程的不同可以分为_____和_____。
3．在立体构成中，_____是指视觉上达到一种平衡的状态，如果两者平衡得当，就会产生一种美的感觉。

二、选择题

1．物体的（　　）是作品是否有艺术性的关键。
　　A．量感　　　　　　　　　　B．体量美
　　C．空间感　　　　　　　　　D．对称
2．肌理有不同的形态，其中包括偶然形态、几何形态和（　　）。
　　A．有机形态　　　　　　　　B．自然形态
　　C．物理形态　　　　　　　　D．人为形态

3. 立体构成的形态美法则不包括（　　）。
   A. 对比与统一
   B. 节奏与韵律
   C. 对称与均衡
   D. 黄金分割原则

三、简答题

1. 设计师应该从哪些方面培养立体感觉？
2. 立体构成的审美需求是什么？
3. 形式美法则包含哪些内容？

第4章

立体构成的空间形态

立体构成

学习要点及目标

- 了解立体构成的空间形态的种类。
- 了解三维立体空间的构成种类。
- 了解从平面到三维的空间分割的方式。

本章导读

人们生活在一个立体的空间中,放眼望去,我们的周围存在着各种各样的立体形态,如我们使用的计算机、手机,交通工具(如汽车、轮船),生活用品(如牙刷、杯子)等都是空间形态的范畴。

图4-1所示为城市景观,拍摄者采用俯拍的方式将夜晚的城市美景记录了下来。画面中,建筑物表现出较强的空间感和立体感,而夜晚独有的光线色彩也使这座城市看起来更加迷人。

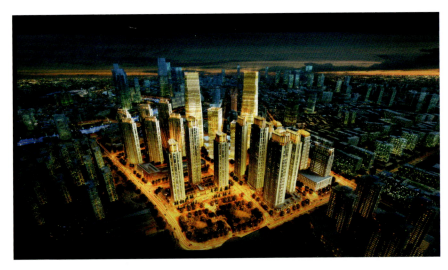

图4-1 城市景观

4.1 立体空间的类型

空间是实体形态之间或被实体包围的间隙。空间分为实空间和虚空间。实空间是看得见的,依赖物质形态的长、宽、高进行表达的客观存在。它与物质形态联系在一起,根据物质形态做出限定。虚空间是指实际不存在,却能够给人带来不同心理感受的空间。如在狭窄的空间里镶嵌一面镜子,可以给人一种空间延伸的感觉。

关于立体空间的类型,本章主要对半立体空间和三维立体空间进行介绍。

4.1.1 半立体空间

半立体空间是介于二维和三维之间的空间形态，也称二点五维空间，是对平面材料进行立体化加工之后所得到的空间形态。图4-2所示为生活中常见的蛋糕，其结构就是二点五维空间构成，使平面材料在视觉上和触觉上有立体感，相比二维空间构成更有立体感。

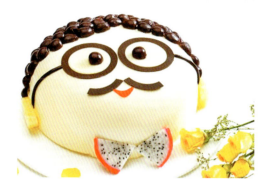

图4-2 生活中常见的蛋糕

通过折叠、弯曲、切割等方法可以使平面材料变为半立体空间构成。在现实生活中，我们可以利用纸张、塑料板、有机玻璃、木板来进行半立体空间构成的训练。

浮雕是我们常见的半立体空间构成的实例，它是一种特殊的半立体空间构成造型，其通过对平面材料进行立体化加工，使触觉和视觉具有立体感。图4-3所示为麦秆浮雕《潮州广济桥》，该浮雕强调层次感，以形象的对比来突出层次上的张力，设计得当，具有很强的视觉冲击力。

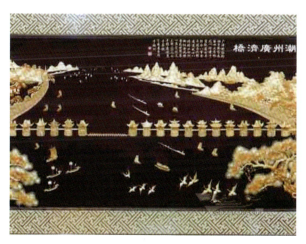

图4-3 麦秆浮雕《潮州广济桥》

具体说来，半立体空间构成有以下几种分类。

1. 抽象构成

所谓抽象构成，就是通过加工变形，创造出一个抽象的符合形式美法则的半立体构成，体现美的艺术效果。

2. 具象构成

所谓具象构成，就是通过各种加工和变形的手段，来表现具体的事物，如人物、动物、风景等。图4-4所示为用卡纸制作的半立体空间构成。这种用纸制作的浮雕，在日常生活中用作墙面装饰、壁挂、店面装饰等，充分体现了艺术与生活的关联。

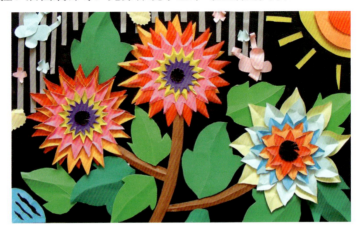

图4-4　用卡纸制作的半立体空间构成

半立体空间构成有以下几种制作手法。

（1）自然褶皱。将面材进行揉搓之后，由于面材受力，会形成不规则的褶皱，如图4-5所示。

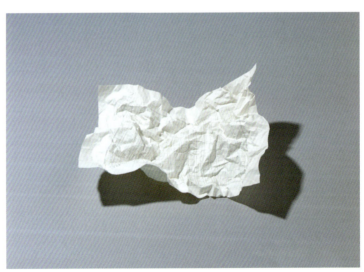

图 4-5　纸的自然褶皱效果

这种自然肌理的效果在第3章有所提及，在设计中也是经常用到的形式。图4-6所示为用于平面广告中的纸的褶皱效果。

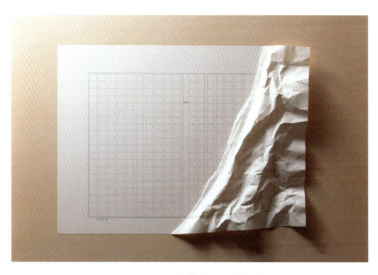

图4-6 用于平面广告中的纸的褶皱效果

(2) 抽褶。抽褶制作手法主要应用于纺织类材料，通常用线来抽紧面料，形成面料上的褶皱，从而打破单调感。图4-7所示为窗帘常用的抽褶形式。

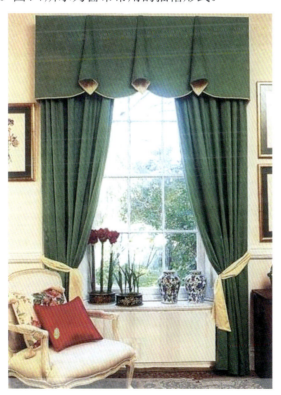

图4-7 窗帘常用的抽褶形式

(3) 折曲。面材通过单向或双向等方式折叠，形成丰富的变化内容。在进行这种半立体构成时，应该在位置上画上虚线，按照位置进行折叠。

画线的方向与折曲的方向是相反的，一般用铅笔做淡淡的标记线即可，如果铅笔线过于浓重，会显得很脏。如果材料相对轻薄，可以不必用铅笔标记。

(4) 切割。切割也是一种半立体构成方法：可以通过重复性的直线曲折进行切割，也可以通过在纸上进行多切多折进行切割，亦可以在薄壳面材上进行切割。

4.1.2 三维立体空间

当点、线、面被赋予一定的厚度，并占有一定的空间后，就会显示出三维立体空间的特性。

从不同的观察角度看，三维立体空间的观察效果也是不同的，可见，空间形态是可以随着人的视点的变化而变化的。图4-8所示为不同视图的不同效果。

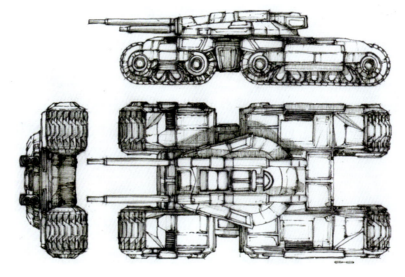

图4-8　不同视图的不同效果

在本书前面的章节中，我们已经对三维立体空间造型的构成要素——点、线、面、块体等进行了介绍。在立体构成的学习中，如何利用简单的材料进行三维立体空间的学习和培养成为重点。接下来，我们就学习一下三维立体空间造型的制作。

1. 柱式结构

柱式结构是半立体构成过渡到立体构成的第一个阶段。一般只有比较硬的材质才可以呈现柱式结构。

柱式结构通常以卡纸为原材料，进行有规律的反复折曲，在此基础上可以对柱体本身进行设计，最后闭合两端边缘，成为一个闭合式的柱体造型。如果柱体上的造型相对复杂，可以先将柱体折曲之后进行封闭，最后再进行主题的设计。

在实际生活中，多数柱式结构起承重的作用，也有少数柱状雕塑起装饰作用。图4-9所示为世博洲际酒店承重墙的设计。

柱式结构可以是三角柱、四棱柱、五棱柱、六棱柱、圆柱等，亦可以是充气的柱体造型。图4-10所示为节庆时所用的充气柱。在我们的生活中，柱式结构常用在灯具、雕塑方面。

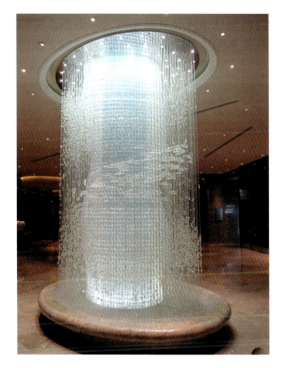

图4-9　世博洲际酒店承重墙的设计

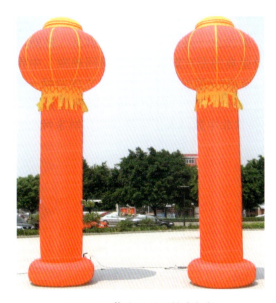

图4-10　节庆时所用的充气柱

就柱式结构的变化形式来看，可以分为柱端变化、柱面变化和柱体棱线变化等。
(1) 柱端变化是指柱式结构的柱顶或柱底的设计变化。如图4-11所示，该柱体构成设计是通过折曲、切割等方法将柱顶或柱底的变化表现出来。

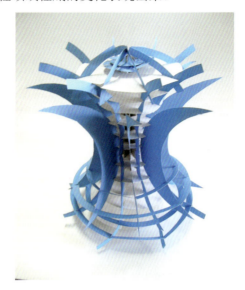

图4-11　柱体构成设计

（2）柱面变化是指在柱体的每个侧面上进行有规律的折曲和加工，加工后可呈现凹凸、拉伸等效果，使柱体的样式有所改变。柱面的变化方式，可以是抽象的，也可以是具象的；可以是对称的，也可以是自由的。

（3）柱体棱线变化是指将柱体上的棱线进行设计变化。最常用的方法是切割，即按照画线部分进行有规律的切割变化。切割可以是直线切割，也可以是曲线切割。

当然，以上这三种方式也可以进行综合，使柱体的变化丰富起来，如图4-12所示。

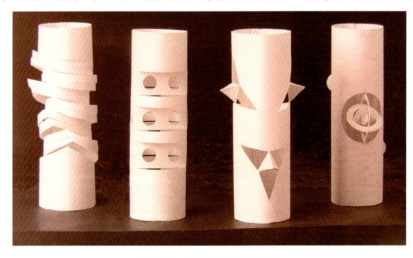

图4-12　圆柱体丰富的造型

2. 集聚构成

集聚构成是将个体组合成集体，形成一种具有韵律感的聚散关系。在集聚构成中，每一个独立存在的完整造型都具有设计意义,图4-13所示为肇庆古典村落的集聚构成。

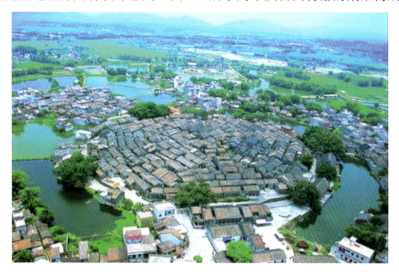

图4-13 肇庆古典村落的集聚构成

单体的集聚构成经常应用在建筑外观上,如图4-14所示,并且会根据实际需要进行重复和集聚,形式是多种多样的。

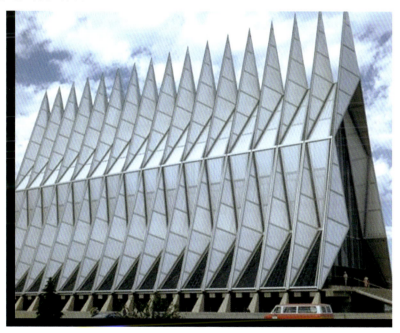

图4-14 建筑物中的集聚构成

在制作单体集聚构成时,应把握好整体效果,单体既要精巧又要简练,既要有厚重感又不能过于琐碎。在整体的安排上,要处理好单体与整体的效果,可以考虑用平面构成中的聚散、渐变等构成要素进行设计。

立体构成

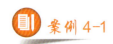 案例 4-1

典型的柱体造型——华表

华表是中华民族的传统建筑物,有着悠久的历史。相传在原始社会的尧舜时代就出现了华表,它既有道路标志的作用,又有过路行人留言的作用。

那时,人们在交通要道上设立一个木柱,作为识别道路的标志,后来的邮亭、传舍也用它作标识,人们称之为"桓木"或"表木"。因为古代的"桓"与"华"音相近,所以慢慢读成了"华表"。

在这根木柱上,行人还可以在上面刻写意见,因此它又叫"谤木"或"诽谤木"。"诽谤"一词在古代是议论是非的意思,就是现代的提意见,所以它又具有现代的"意见箱"的作用。

据史书上记载,尧时的诽谤木以横木交于柱头,指示大路的方向。天安门前的华表仍然保持了尧时诽谤木的基本形状,如图4-15所示。

天安门前的这对华表上的蹲兽,头向宫外;天安门后的那对华表,蹲兽的头则朝向宫内。传说这蹲兽名叫犼,性好望,犼头向内是希望帝王不要成天待在宫内吃喝玩乐,希望他经常出去看望他的臣民,它的名字叫"望帝出";犼头向外,是希望皇帝不要迷恋游山玩水,快回到皇宫来处理朝政,它的名字叫"望帝归"。

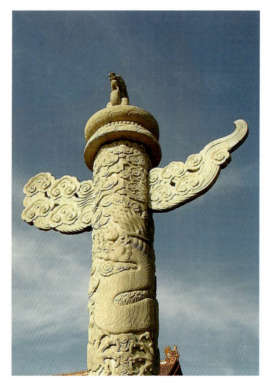

图4-15 华表

4.2 空间分割及形态的创造

自然界中的立体形态都是由点、线、面等基本元素构成的,将这些元素进行加工创造能得到各种各样的空间形态。把握从平面到立体的创造过程,能够使我们更加深刻地了解空间形态,从而培养立体空间的想象能力和创造能力。

4.2.1 空间分割

1. 切割

对于空间分割来说,切割是一切加工的开始,是一种常见的表现形式。对于材料来说,切割可以不分解,可以只通过切口来完成,只切割不分解的立体构成如图4-16所示。

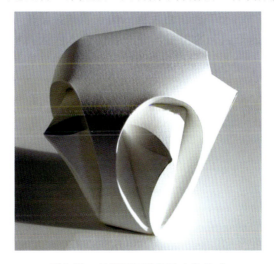

图4-16　只切割不分解的立体构成

在切割的过程中,不一定只通过刀具来切割造型,线体、硬纸板等都可以作为切割的工具。切割的工具要根据目标的不同而不同,如对于松花蛋来说,可能线体是最好的工具;而对于木头来说,切割锯齿是最好的工具。

在切割的过程中应该注意处理好点、线、面之间的疏密关系,并且要留有一定的空间。切割可以将材料分解后重新造型,也可以只切割不分解,如图4-17所示。

切割使得造型从平面到立体有了更大的表现空间,它打破了平面的整体性和单调性,从而使空间形态更加多样化,运用切割完成的立体构成如图4-18所示。

切割的方式有多种,通常分为条理切割和随意切割。条理切割是运用适当的尺度进行切割,以凸显美感。随意切割则更加符合自然韵律。

学生在进行立体构成训练时,常用纸作为切割材料。对一般纸张进行切割的时候,刀具与被切割材料的切割角度通常是45°;但对于一些KT板之类的材料,如果也保持45°的切割角度,就会造成不光滑的现象。因此,在切割时,要善于总结经验,用不同的技巧应对不同的材料。

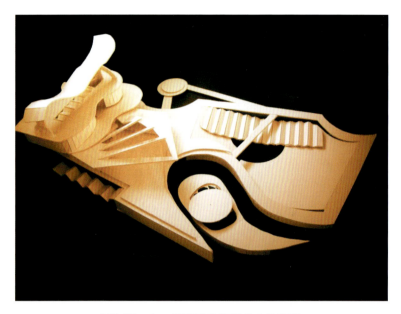

图4-17　由二维到三维空间的立体造型

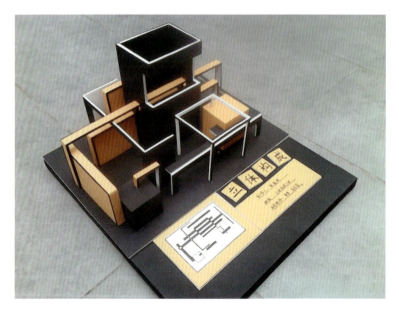

图4-18　运用切割完成的立体构成

2. 弯曲和折曲

物体切割之后重塑的技法有拉伸、插接、弯曲和折曲等。其中,弯曲和折曲是常见的方法。

弯曲是将重复的面自然地衔接起来,形成具有美感的空间立体造型。弯曲之后的空间构成体量感较强,层次丰富,且具有自然韵律,符合人类的审美标准,如图4-19所示。

折曲则对材料有一定的要求,所选用的材料必须具有一定的柔韧度,塑料、纸张经常会成为折曲的对象,因为纸的柔韧性好,非常适合用折曲的方式进行立体构成,如图4-20所示。折曲的好处是可以将平面折叠,形成栩栩如生的立体形态。采用折曲的方法可以产生正方体、多面体、锥体、柱体等立体形态。

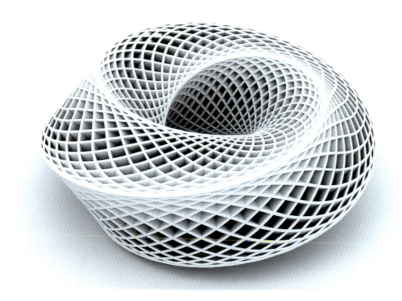

图4-19　弯曲的空间构成

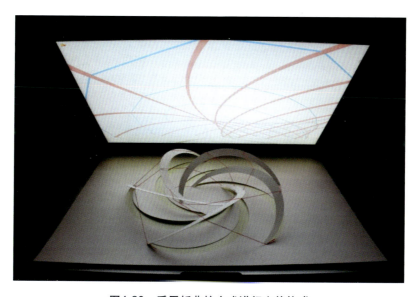

图4-20　采用折曲的方式进行立体构成

3. 折叠

在进行立体构成学习的过程中,纸是最常见的材料,而折叠是纸实现从平面到立体转化的常见的造型方法。图4-21所示为纸质包装设计,也是通过折叠来固定整个造型。

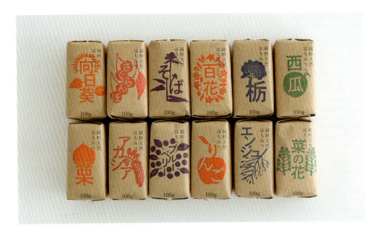

图4-21 纸质包装设计

折叠也是有技巧的,为了保证折叠后折痕坚挺,可以借助圆规、直尺等工具来实现。

4.2.2 空间形态的创造

学习立体空间形态的创造有助于培养创造性思维,而后通过空间形态的塑造得以实现。

立体空间形态的创造通常涉及两个问题:创造和创造性思维。

人类与动物的不同表现在人类能够按照自己的意图改造客观世界,通过劳动等行为使客观规律与自身的意图相统一,创造人类的物质文明和精神文明。创造性思维是人类思维活动的精髓,主要以思维的发散性为特征。人类在探索自然的过程中常常打破常规、积极探索。

以空间形态的创造为例,人类的创造性来源于创造性思维和进行创造实施。当然,将自然形态运用到创造性思维中也是创造出优秀作品的途径之一。创造性思维对最终立体形态的产生具有直接影响,立体空间造型的创造主要通过创造性思维来完成。因此,对于立体空间形态的创造来说,必须综合地、灵活地应用所学知识,创造力才能得以实现,创造性思维才能变成实际的优秀作品。图4-22所示的凳子是参照小鹿的样子设计的。

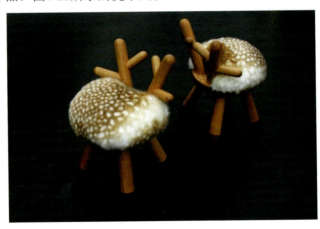

图4-22 参照小鹿的样子设计的凳子

空间形态的塑造价值主要通过实施来完成。在实施阶段，设计灵感和设计理念会通过特定的手段表现出来，这需要设计者对设计程序进行合理规划、对材料进行合理应用等。近年来，很多艺术家和设计师开始对材料进行大量的研究和开发，塑料、玻璃、木材、钢铁，甚至一些大家成是垃圾的物品都能成为艺术品呈现给大众。

当然，作为一门实践课程，再权威、再全面的理论都只是从知识的角度帮助学生进行了解，只有结合具体实践，应用多种思维方式进行思考和训练，才能真正将理论融会贯通。

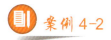
案例 4-2

里斯本火车站

里斯本的新门户——东方火车站(Orient Station)，由西班牙建筑大师Santiago Calatrava设计兴建。Calatrava把该车站设计当成一个城市规划来命题，试图在里斯本北方的一个工业废弃地上，创造出一片城市沃土。Calatrava仔细考察了废弃港口周围的环境，最后建立起一个完善的交通枢纽，不仅和穿梭各城市间的高速火车衔接在一起，更将普通客车、公共汽车、地下停车场以及城市轻轨等整合在一块儿。

对于里斯本东方火车站(见图4-23)的造型设计，Calatrava的想法是在水泥陆桥上造出一小片树林。他的出发点并不是模仿自然，而是借由大自然所引发的灵感创造出另外一种建筑的可能性。Calatrava认为："建筑是人为地介入，不能与大自然相提并论，人为的东西本来就不属于自然，建筑艺术甚至永远无法模拟大自然。"

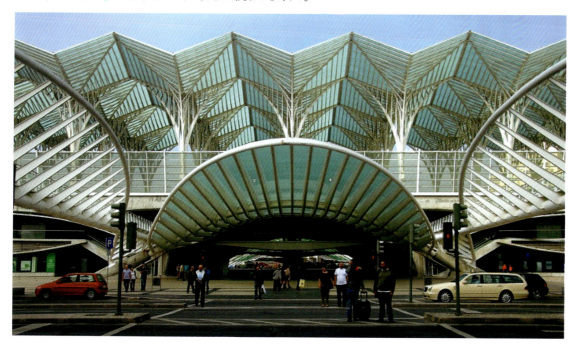

图4-23　里斯本东方火车站外景

立体构成

案例 4-3

2008年北京奥运会火炬

2008年北京奥运会火炬创意灵感来自"渊源共生，和谐共融"的"祥云"图案（见图4-24）。"祥云"的文化概念在中国具有上千年的时间跨度，是具有代表性的中国文化符号。火炬造型的设计灵感来自中国传统的纸卷轴。源于汉代的漆红色在火炬上的运用使之明显区别于往届奥运会火炬设计，红银对比的色彩产生醒目的视觉效果，有利于各种形式的媒体传播。火炬上下比例均匀分割，祥云图案和立体浮雕式的工艺设计使整个火炬高雅华丽、内涵厚重。

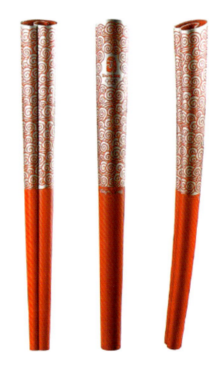

图4-24 2008年北京奥运会火炬

北京奥运会火炬长72厘米，重985克，燃烧时间为15分钟，在零风速下火焰高度为25厘米至30厘米，在强光和日光情况下均可识别和拍摄。在工艺方面使用异型锥体曲面一次成型技术和铝材腐蚀、着色技术。火炬的外形制作材料为可回收的环保材料。北京奥运会火炬在燃烧稳定性与外界环境适应性方面达到了新的技术高度，能在每小时65公里的强风和每小时50毫米的大雨情况下保持燃烧。在工艺上采用轻薄高品质铝合金和中空塑件设计，十分轻盈。下半部喷涂高触感塑胶漆，手感舒适不易滑落。2008年北京奥运会火炬是我国自主设计研发的产物，拥有完全的知识产权。

2008年北京奥运会火炬使用的燃料为丙烷，这是一种价格低廉的常用燃料，其主要成分是碳和氢，燃烧后产生二氧化碳和水，没有其他物质，不会对环境造成污染。

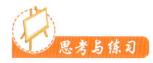

一、填空题

1. 实空间是看得见的，是依赖物质形态的长、宽、高进行表达的_____，它是与物质形态联系在一起，根据物质形态做出限定的。
2. 三维立体空间具有可被感知、_____、_____、_____的实际存在。
3. 自然界中任何复杂的立体形态都是由_____、_____、_____等基本元素构成的，将这些元素进行加工创造能得到各种各样的空间形态。

二、选择题

1. 虚空间是指实际不存在，却能够给人一种(　　)的空间。
   A．思想活动　　　　　　　B．心理感受
   C．意识　　　　　　　　　D．感觉
2. 2008年北京奥运会火炬长72厘米，重(　　)克，燃烧时间为15分钟，在零风速下火焰高度为25厘米至30厘米，在强光和日光情况下均可识别和拍摄。
   A．945　　　　　　　　　B．900
   C．986　　　　　　　　　D．985

三、简答题

1. 半立体空间的特征是什么？常用于生活中哪些领域？
2. 三维立体空间有哪些分类？
3. 从平面到三维的空间创造有哪些方法？

第5章

立体形态构成的组合方法

立体构成

学习要点及目标

- 了解线、面、块体等立体构成要素的组合方式及方法，掌握组合规律。
- 培养空间意识，增强立体空间的表现能力。
- 锻炼动手能力，加深对立体构成形态要素的理解。

本章导读

点、线、面、块体是立体构成的组成要素，当我们全面了解了立体构成的相关理论知识后，就会发现，培养学生的立体空间思维和动手能力需要找到根源，即从线立体构成、面立体构成及块体的立体构成方法及形态上进行了解。了解了不同要素的不同构成方法，才能在实践的过程中加深对立体构成形态要素及审美形式的理解。

在三维立体空间构成中，线是最主要的材料，它主要是以长度单位为特征的型材，具有方向感和运动感。因此，在造型过程中，要充分发挥线的特点，塑造出成功的立体空间造型。线的立体构成如图5-1所示。

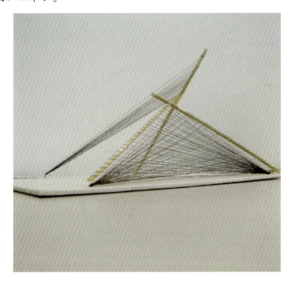

图5-1 线的立体构成

5.1 线立体形态

5.1.1 线的形态要素

线是以长度单位为特征的型材，具有方向性。线大体分为直线、曲线和折线。直线具有明快、锐利、速度感等特征;曲线具有柔软、优雅、轻快等特征;折线具有果断、明确等特征。

如果将线密集排列会产生面的感觉。线群的集合、线与线之间产生的间距,可使线材构成表现的形体具有半透明的效果。线材包围的空间立体造型必须借助框架的支撑。线可以通过各个层面的交错呈现疏密变化,从而形成优美的韵律。

线与面之间是相对概念,任何形态的长宽值比较大时,都可以视为线。线是点的运动轨迹、面的交接、体的转折。

在立体构成中,线分为软质线材和硬质线材。

(1) 软质线材主要有棉线、麻绳、丝线、化纤线、电线、纸条、金属线材等。生活中常见的线材都可以作为立体构成训练的材料,如图5-2和图5-3所示。

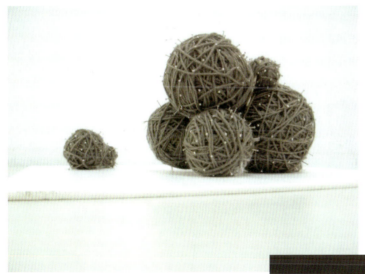

图5-2 线组成的立体构成

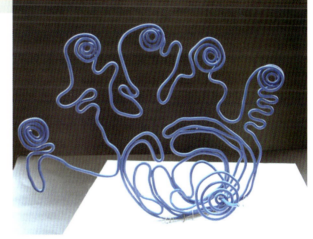

图5-3 铁丝组成的立体构成

(2) 硬质线材包括木条、硬质塑料、竹条、棉签等。塑料吸管组合成的立体构成,如图5-4所示。

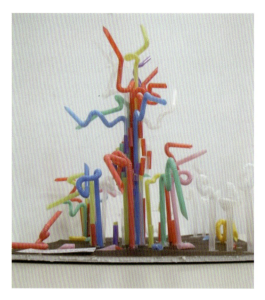

图5-4　塑料吸管组合成的立体构成

线材不具备空间形态，但通过它们的组合、排列、聚集就会表现出面的特征，再通过面进行组合，就会形成空间立体造型。利用框架来进行软质线材的造型，在生活中的应用非常广泛。

5.1.2　线立体构成的方法

1. 垒积构成法

垒积构成法在线立体构成中属于相对简单的方法，一般适用于硬质线材。只要把线材重叠起来做成立体构成的方法，都属于垒积构成法。图5-5所示构成是用牙签和冬枣组成的立体构成，是对基本的线材垒积构成法的运用。

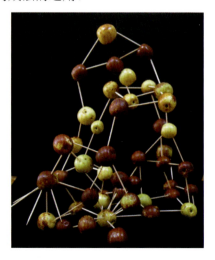

图5-5　用牙签和冬枣组成的立体构成

2. 桁架构成法

桁架是由直杆组成的，一般具有三角形单元的平面或空间结构(见图5-6)。在荷载作用下，桁架杆件主要承受轴向拉力或压力，从而能充分利用材料的强度。在跨度较大时比实腹梁节省材料，可减轻自重和增大刚度，故适用于较大跨度的承重结构和高耸结构，如屋架、桥梁、输电线路塔、卫星发射塔、水工闸门、起重机架等。

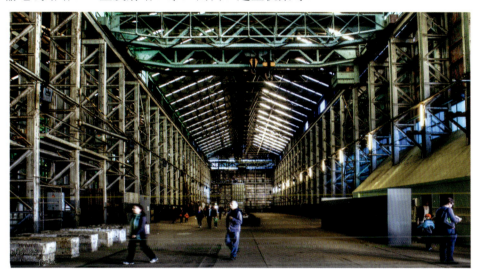

图5-6 桁架结构

3. 线层构成法

线层构成主要针对软质线材，是将简单的线材依据一定的美学法则，或重复或减免，做出有秩序的构成。在自然界中，蜘蛛网就是这种构成方法的典型代表。软质的线可以有不同的构成方法，缠绕是常见的一种线的立体构成方法，如图5-7所示。缠绕的方法有多种，可以将框架固定在板面上，使线在板面和框架之间缠绕，也可以只在框架上缠绕，还可以只在板面上缠绕。线的缠绕方式是多种多样的，也是线立体构成中非常关键的方法。

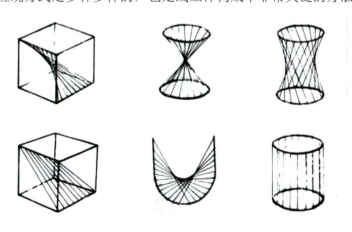

图5-7 线的立体构成方法

4. 框架构成法

框架构成法是用硬质的线材制作成基本框架,可以根据造型的变化而变化。

5. 编结构成法

编结构成法主要是指在基础框架上,用软质材料进行编结,形成手工感较强的造型,如壁挂、风铃、中国结等。如图5-8所示,这是具有民族风情的编织风铃。

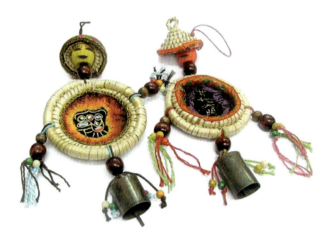

图5-8　编织风铃

5.1.3　线元素的组合构成方法

1. 单体组合

在进行立体构成训练时,多种线框重复叠合可以组合成多种元素的重构,这种造型可以有位置或方向上的变化。

2. 转体组合

线材组合为长方形、三角形等造型,以尺寸作为排列顺序进行渐变,可以通过改变方向或尺寸来展现造型的韵律美、秩序性。线构成的转体设计如图5-9所示。

3. 框架组合

框架组合多用于硬质材料制成的框架。将框架加以组合排列,面层之间再进行有序的排列,使各个层面在整体造型上形成变化,进而体现构成的美感。框架与面的组合如图5-10所示。

4. 垒积组合

垒积组合多用于硬质材料,通常采用积木式的组合(插接、锁扣、黏结等)方式将立体构成塑造成具有不同的基本形态元素、不同的材质、不同特色的空间结构。垒积组合的立体构成包括单体形态构成和转体垒积构成。硬质线材吸管的立体构成如图5-11所示。

立体形态构成的组合方法　第5章

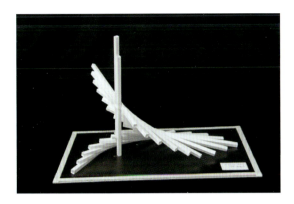

图5-9　线构成的转体设计

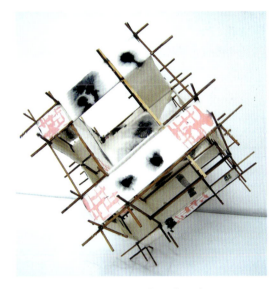

图5-10　框架与面的组合

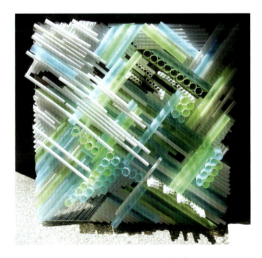

图5-11　吸管的立体构成

立体构成

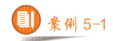

台南市裕文图书馆

台南市裕文图书馆位于中国台湾台南市东区。图书馆基地四周为宽12米至20米的街道，周围环绕公共设施：北面是小学，东面为社区中心，南面有公园，西面的裕信路是该区主要的南北向干道。图书馆为四层的混凝土结构，基地面积2965平方米，总楼面积3144平方米，计划藏书量11万册，工程预算约为1.22亿美元。

图书馆楼体的外形采用单独的线性结构组合方式，重复构成之后像是一页一页的图书，非常具有寓意。

图书馆在历史和社会文化传承中具有重要地位，因此总是需要使用象征性的形式语言。建筑师在低矮的混凝土体量上半嵌入一个木质体量：这个体量中容纳了众多人类的知识，外面覆盖竖直的木百叶，这是对书籍的隐喻与诠释。木质体量有四个极具雕塑感的曲面，与众不同且具有图像性。台南市裕文图书馆的建筑外观，如图5-12所示。在建筑内部，木百叶和大面积玻璃窗的结合构造出透明宽敞的空间，充满了散射的日光。在这里，凝视与观看的愿望被降到最低，剩下的就只是最原始的阅读行为。

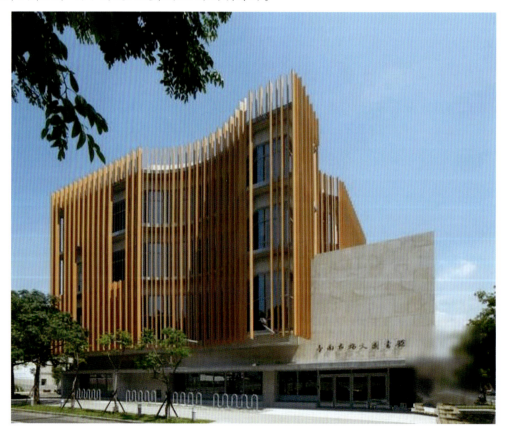

图5-12　中国台湾台南市裕文图书馆

5.2 面立体形态

面以长、宽为形态特征，具有延展、平薄的感觉，并且具有分割空间的作用。面的边界是由线组成的，无数条线可以组成一个面。

面材通过压曲、折曲、弯曲等方式进行加工处理，可以达到非常丰富的效果。

5.2.1 面立体形态的种类

面材的立体构成多为板材的组合构成，具有一定的扩张感。面材比线材更具有灵活性、功能性和可塑性，应用非常广泛。

面立体的面材按照透明程度、材质等可以分为以下几类。

(1) 纸质材料。纸质材料是在立体构成中应用非常广泛的材料，除了学生在进行立体构成作业时运用外，在包装、书籍装帧等方面，应用也相当广泛。

(2) 布质材料。布质材料因为本身的特殊性，往往多应用于服装设计中，运用压衬、做褶等方法，可使服装设计具有立体的美感，如图5-13所示。

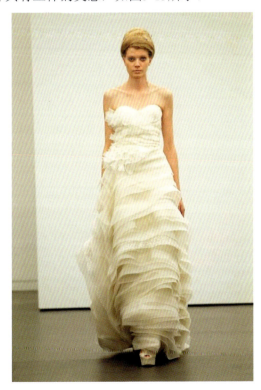

图5-13　婚纱设计

(3) 玻璃材料。玻璃材料加工起来比较有难度，因此，一般在学生作业中很少有玻璃材料的出现。玻璃材料广泛应用于现代建筑中(见图5-14)。

(4) 塑料、金属材料。塑料、金属材料在工业产品设计中的运用非常广泛。

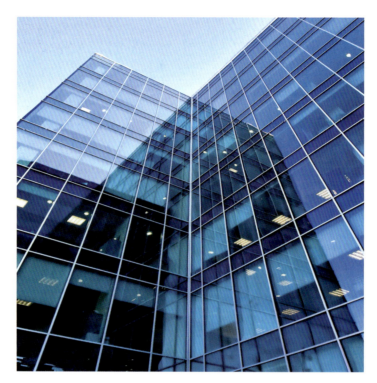

图5-14　现代建筑中的玻璃材料

5.2.2　面立体形态的构成方法

面材是一种平面素材，如何将平面素材转为三维立体空间，是我们在学习的过程中需要掌握的。

1. 单面体的构成

单面体的构成是指面通过平行排列、重复排列、折叠等，产生比较简单的单元面再构成立体形态。单面体的构成包括折板构成、插接构成、层面排列构成、壳体构成等多种形式。

(1) 折板构成是指面材通过单折、重复折等方法构成的一种具有空间效果的立体造型。造型的方法可以分为直线重复折和直线反复折。折板构成设计效果如图5-15所示。

(2) 插接构成是指将面材预留缝隙，利用插口进行连接，以此形成立体形态。插接构成可以分为几何单元形立体插接和自由形插接两种。几何单元形立体插接，即以单元插接的形式为主，关键在于变化和处理插接面形；自由形插接，即用两个或两个以上的自由面进行插接。两者的相同点在于，在设计的过程中，不仅要考虑造型，而且要考虑插接组合的位置。积木的自由拼接就是插接构成，如图5-16所示。

(3) 层面排列构成是指将若干的面材按照水平或垂直的方向进行有秩序的排列。这种构成既能表现出造型的有序，又能表现出造型的活泼。

(4) 壳体构成是指利用面材的折叠和弯曲使面材成为球形壳体。球形壳体是将弧纸折叠产生舒畅的富有变化的面和棱线，使之成为球形的造型。

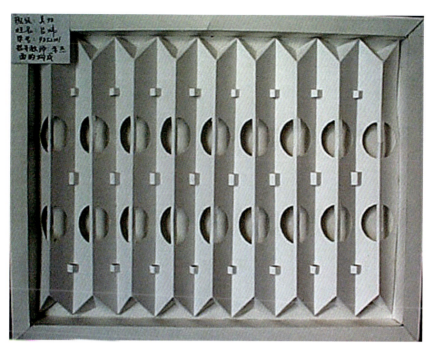

图5-15 折板构成的设计

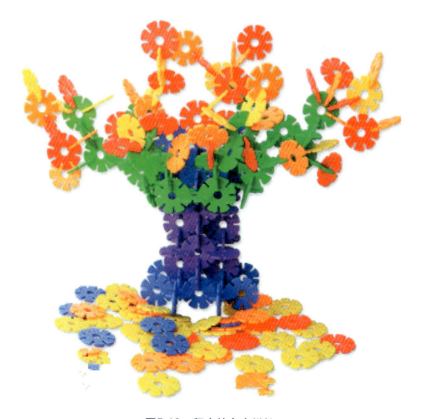

图5-16 积木的自由拼接

2. 几何多面体的构成

几何多面体的特征是：面数越多，越接近球体，如图5-17所示。几何多面体包括正四面体、正六面体、正八面体、正十二面体、正二十四面体等，除此之外，还包括等边十四面体(包括正方形6个、正三角形8个)、等边二十六面体(包括正三角形8个、正方形18个)等。

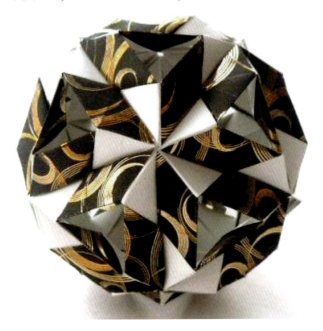

图5-17　几何多面体的构成设计

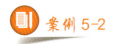

中国国家大剧院的壳体造型

中国国家大剧院(见图5-18)中心建筑为半椭球形钢结构壳体，东西长轴212.2米，南北短轴143.64米，高46.285米，比人民大会堂低3.32米，基础地下最深32.5米，周长达600余米，整个壳体风格简约大气。国家大剧院壳体由18000多块钛金属板拼接而成，其面积超过30000平方米。18000多块钛金属板中，只有4块形状完全一样。钛金属板经过特殊氧化处理，其表面金属光泽极具质感，且15年不变颜色。中部为渐开式玻璃幕墙，由1200多块超白玻璃巧妙拼接而成。椭球壳体外环绕人工湖，湖面面积达3.55万平方米，各种通道和入口都设在水面下。行人需从一条80米长的水下通道进入演出大厅。这座"城市中的剧院、剧院中的城市"以一颗献给新世纪的超越想象的"湖中明珠"形象悄然亮相。

设计师安德鲁在接受采访时说："中国国家大剧院要表达的，就是内在的活力，是在外部宁静笼罩下的内部生机。一个简单的'蛋壳'，里面孕育着生命，这就是我的设计灵魂：外壳、生命和开放。"可见，国家大剧院的特征就是"外部宁静，内部充满活力"。

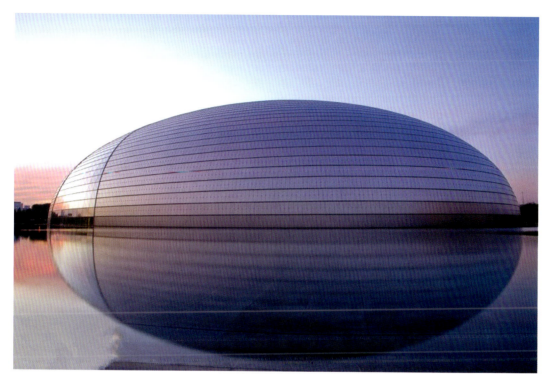

图5-18　中国国家大剧院

5.3 块体立体形态

块体的立体构成是指使用木材、金属、泥土、塑料等块体材料制作空间形态,这种块体既可以是实心块,也可以是空心块。在立体构成中,块体可以分为单体和单体组合两大类。

5.3.1 单体与单体组合的立体空间构成

块体的单体是指具有长、宽、高的三维空间实体,块体可以给人厚重、稳定的感觉。

著名画家塞尚曾说,自然界中的物象都可以简化为基本形体。基本形体包括球体、立方体、圆柱体、圆锥体等。以正方体为例,对其进行分割,由于等分的方法不同,产生的形态也不同。这就需要打破固有的形态,寻求形体的变化,最终产生强烈的立体造型美感。

块的分割方法可以采用等分、比例错位、曲线分割等方法。当然,不管采取哪种方式进行截取,都要提前设计和计划,使块体的分割合理化。

对相同单体的组合来说,构成创造的立体构成设计需要通过位置的变化、数量的变化、方向的变化使立体构成具有美感,如图5-19所示。

对不同的单体组合构成来说,需要对其大小、形状进行分析,之后通过形式美法则进行组合。组合出来的立体构成造型富于变化,有较强的张力和视觉冲击力,如图5-20所示。

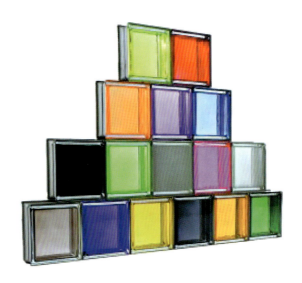

图5-19 玻璃砖墙

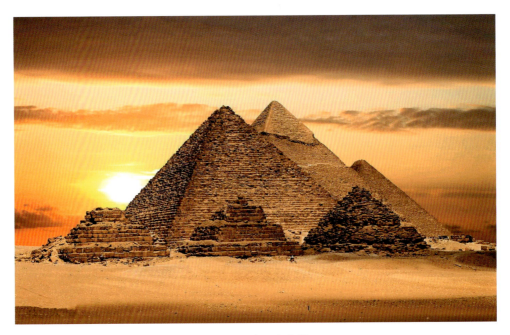

图5-20 埃及金字塔

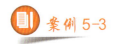

巨济岛酒店

  巨济岛酒店(见图5-21)位于朝鲜半岛东南端的巨济岛。酒店的五套客房中,每个房间都设置了由混凝土剪力墙支撑起的悬挑室外阳台。这些悬挑的阳台就像手指一样,指向周围不同方向的岛屿。每个房间都享有独特而无碍的视野，同时又可以作为独立完整的居住空间。

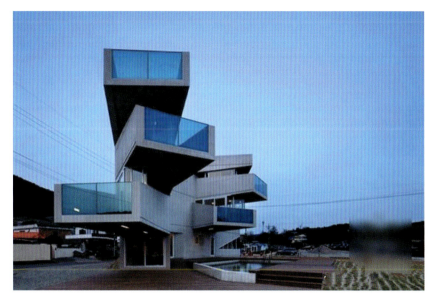

图5-21　巨济岛酒店

5.3.2　块体的立体组合构成

块体的立体组合构成包括积聚组合和排列组合。

积聚组合：积聚是指两个单元以上的形体在形体切割之后，进行重新组合形成新的形态。这两个单元以上的形体可以是相同的，也可以是类似的、渐变的。总之，方法较为自由。

排列组合：排列组合是指将相同或不同的单体进行排列组合。不同的单体组合可以是大小不同的组合，也可以是形状不同的组合，还可以是由方至圆或者由直至曲的渐变组合。当然，在渐变排列中应该注意实体与空间的位置变化。

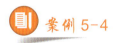

巴黎的"淡水工厂"

法国巴黎DCA(Design Crew for Architecture)公司参与的2010年摩天大厦设计竞赛的设计作品叫作"淡水工厂"。这个设计是满足农业需求的一个新方案——一座能生产淡水的摩天大厦工厂。这座具有特殊意义的摩天大厦工厂就是由多个圆球体块积聚而成。从立体构成的角度看，这座大厦将多个大小不一但又不乏秩序感的体块堆积到一起，使整个大厦在外观上具有强烈的视觉冲击力。

图5-22所示为"淡水工厂"远观图。大厦由多个圆形水容器组成，水容器中装的是微咸水，这些水容器都安装在球形温室中。水容器中种植了红树林，这些植物可以在咸水中生

长，并从树叶中分泌出淡水。白天，这些分泌出来的淡水迅速蒸发，到了晚上又冷凝在建筑温室的塑料墙壁上，最终流到淡水收集箱中。由于大厦本身的高度，收集的淡水可以利用重力分散到附近地区使用。大厦的表面积为一公顷，每公顷的红树林每天能生产3万升水。也就是说，大厦每天能灌溉一公顷的西红柿田。

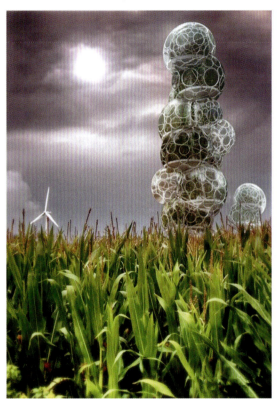

图5-22 "淡水工厂"远观图

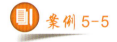

琶洲国际会展中心

琶洲国际会展中心(见图5-23)位于广州市海珠区赤岗琶洲岛。琶洲陆地面积9.66平方公里，北临珠江，与珠江新城、广州新技术产业开发区、赤岗领事馆区、长洲文化旅游风景区等城市重要发展区相邻。根据广州市城市建设规划，琶洲地区的发展目标定位为：以广州会展博览中心为核心，以会展博览、国际商务、信息交流、高新技术研发、旅游服务为主导，兼具高品质居住生活功能的RBD(休闲商务区)型、生态型城市副中心。建筑总面积70万平方米，首期占地43万平方米，建筑面积39.5万平方米。已建好16个展厅，其中室内展厅面积16万平方米，室外展场面积2.2万平方米，主要以展览、展示、表演和大型集会为主要使用功能，是目前亚洲最大的会展中心。

会展中心的外形，从高处俯瞰，如一朵白云在江畔飘动；从东面侧看，则似一条奋起跃上珠江南岸的鲤鱼。这一设计，富有时代感和标志性特征。会展中心的设计理念来自珠江的"飘"，波浪般起伏的屋顶使它宛若自珠江飘扬而至。这种理念与广东奥林匹克体育中心的设计有些相似。

琶洲展馆是高科技、智能化、生态化完美结合的现代化建筑，按照国家5A智能化建筑标准进行设计，建设中大量应用国际高新科技，智能、通风、交通系统体现了世界先进水平。层高、地面负荷、电力供应可满足大型机械展、帆船展等各种对展馆条件要求苛刻的展览。单个展厅面积在1万平方米左右，且各馆门面设计合理，一、二层的十三个展厅各有开阔的门面，多个展览可同时举办，互不干扰。

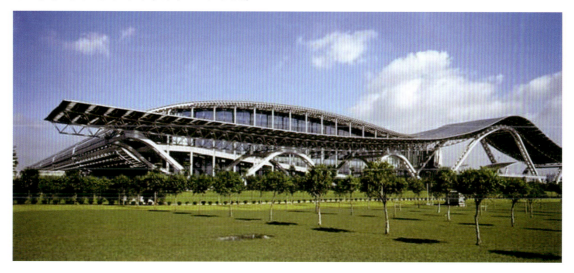

图5-23　琶洲国际会展中心

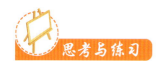

一、填空题

1. 线是以_____为特征的型材，具有方向性。线大体分为_____、_____和折线。
2. 面是以长、宽为形态特征的，具有_____、_____的感觉，具有分割空间的作用。
3. 块体的单体是指具有_____、_____、_____的三维空间实体，块体可以给人厚重、稳定的感觉。

二、选择题

1. 以下不属于软质线材的是(　　)。
   A. 棉线　　　　　　　　　B. 安丝线
   C. 铁丝　　　　　　　　　D. 电线

2．面材的立体构成多为板材的组合构成，面构成具有一定的扩张感，面材比线材更具有灵活性、功能性和(　　)。

  A．可塑性   B．立体性

  C．美观性   D．实用性

3．以下不属于块的分割方法的是(　　)。

  A．等分   B．比例错位

  C．曲线分割   D．黄金分割

三、简答题

1．以近两年优秀的建筑设计为例，从立体构成的角度分析作者的构思及建筑的美学特征。

2．简述线、面、块体的构成方法及构成分类。

第6章

立体构成的肌理与材料

立体构成

📌 学习要点及目标

- 了解立体构成的肌理与材质。
- 了解立体构成材料的分类及特征。
- 了解材料对立体构成的重要作用。

📑 本章导读

巴赫金曾说，材料在艺术创作中的意义，可作如下界定：材料就其自身审美特性来说，不进入审美客体，但作为具有审美意义的一个要素，它又是审美客体必不可少的技术要素。建筑房屋需要材料，缝纫衣服需要材料，雕塑艺术需要材料，"巧妇难为无米之炊"，任何艺术家在进行艺术创作的过程中都需要材料，可见材料对于立体构成呈现的重要作用。而材料还需要通过肌理与材质表现，因此，在了解立体构成的材料与艺术创作关系之前，会先对立体构成的肌理与材质进行了解，进而了解立体构成的材料及特性。

图6-1所示作品是在高岭国际艺术陶瓷大赛中获得提名奖的陶瓷作品Blue，该作品有着精美的造型和恬静的肌理，色彩的使用、纹理的造型、材料的选择都为这几件精美的艺术品添色不少。

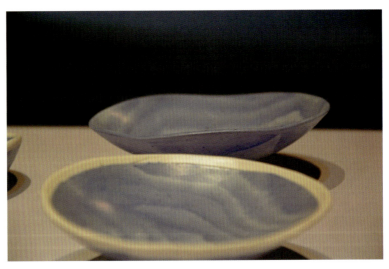

图6-1　*Blue*(作者：Sohee Lee)

6.1 立体构成的肌理与材质、选材原则及材料要素

在立体创造中需要选择合适的肌理来表现作品，同时，肌理与造型、色彩之间的和谐统一也是创作一件好的立体构成作品的保证。

6.1.1 立体构成的肌理与材质

立体构成中，肌理指的是材料表面的纹理、构造组织给人的触觉质感和视觉感。按照不同的形成过程肌理可以分为自然肌理和人工肌理。图6-2所示为瓷罐堆建成的"瓷罐墙"，这面墙有着非常强烈的视觉效果和令人过目难忘的人工肌理。

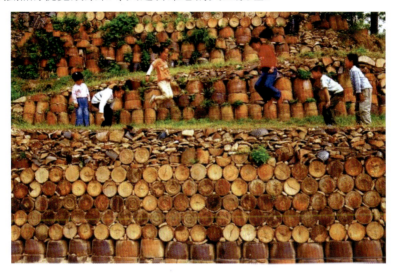

图6-2 瓷罐墙

肌理具有两方面的含义：①材料本身的自然纹理及人工制造过程中产生的工艺肌理可使材质增强装饰美的效果；②构成环境的各要素之间形成的视觉关系，不同的肌理具有不同的视觉感受。

材质是指材料的组成及性质。不同的材料具有不同的特性，也有不同的物理、化学属性。图6-3所示为国外艺术家用水果创作的人物浮雕，非常新颖。

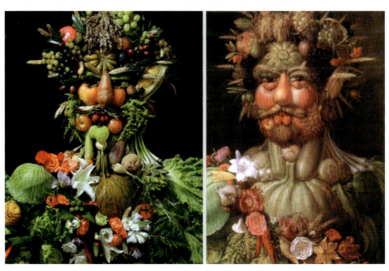

图6-3 水果创作的人物浮雕

6.1.2 立体构成的选材原则

立体构成是以视觉为基础、以力学为依据，将构成要素按照形式美法则，选取适当的材料组成的立体形态。

包豪斯设计学院曾经提出立体构成的三个原则。

1. 艺术与技术的结合

图6-4所示是安娜开瓶器，它是意大利著名后现代主义设计师亚历山德罗·曼迪尼的设计，用人体的头、身体、臂膀之间的部位对应产品结构，利用转轴和螺丝来实现产品外形结构的变化，从而实现产品的使用功能，是艺术与技术的完美结合。

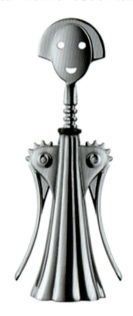

图6-4　安娜开瓶器

2. 为人而设计

图6-5所示为饼干包装设计，鲜艳的色彩能够让消费者愉悦，独特的"开窗设计"也会让消费者觉得富有创意。

3. 遵循自然规律和客观规律

先秦的《考工记》中提到："天有时，地有气，材有美，工有巧，合此四者，然后可以为良。"这句话强调时间、空间、材料、构思。时间，是指在设计的过程中，要适应时代的需求；空间，是指所设计的产品要适应当时的环境；材料，是指在设计的过程中要充分发挥材料的重要性。以上三者统一之后，设计者就应充分发挥其主观能动性，创作出好的作品。

《考工记》中提到了"材有美"，可见材料对于各种造型艺术的重要性，它影响着造型艺术内涵的表达。材料的种类与质量也影响着艺术作品价值的形成。从立体构成的审美性、艺术性及实用性角度出发，选择好的材料是至关重要的。

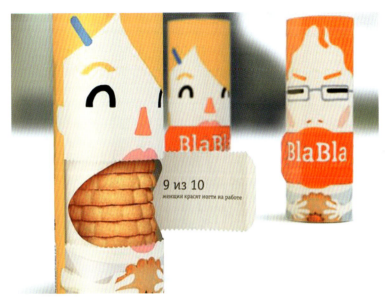

图6-5　饼干包装设计

在现代立体构成中，将科学技术与艺术形式完美地统一在一起的方法就是将艺术作品的造型美和材质美相统一，这样才能充分体现立体构成艺术的美感，实现设计的创新。

那么，我们应该如何对立体构成进行选材呢？

首先，应该准确把握材质的审美特性。把握审美特性，要求设计师在进行产品设计前，需经过充分构思，清楚自己想要呈现的效果之后，对材质的审美特性进行有效的判断。

其次，在设计的过程中应该保持材质固有的形体特征。

6.1.3　立体构成的材料要素

材料是立体构成的基本要素，是造型艺术表达不可缺少的媒介，是立体构成的物质基础。材料直接限制了立体构成的形态塑造，决定了立体构成的形态、色彩和肌理等。例如，材料的软与硬，会影响立体构成形态的最终呈现。

物质材料的视觉功能和触觉功能是艺术表达中重要的组成部分，它赋予了材料肌理不同的心理效应，比如粗糙与细腻、冰冷与温暖、温柔与坚硬、干燥与湿润、轻快与笨重、鲜活与老化等。

不同的材料因外观不同会产生不同的视觉效果和心理感受。例如，泥土会给人原始、质朴、笨拙的感觉；石材会给人厚重、粗犷的感觉；纤维会给人柔和、舒适的感觉。即使是同一形态，不同的材料也会产生不同的心理感受。例如，同是面材，金属板使人感觉冰冷、坚硬；玻璃板使人觉得透明、易脆；木板让人感到温暖、舒适；塑料板让人感到柔韧、时髦。表面光洁而细腻的肌理让人觉得华丽、薄脆；表面平滑而无光的肌理给人以含蓄、安宁的感觉；表面粗糙而有光的肌理让人感觉既沉重又生动；表面粗糙而无光的肌理给人以朴实、厚重的感觉。

材料的使用重点不在于对物质原有的形的利用，而在于使物体的表面状态给人以视觉和触觉的美感。也就是说，对材料质感的理解并根据这种理解使材料构成有生命力的造型是材料在立体构成中的运用重点。为了实现这一目的，除了要研究材料本身的特性外，还要研究材料的加工手段和方法，从而使材料在立体构成中发挥更好的效果。

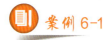 案例6-1

糖 雕 塑

如图6-6所示，这是一组惟妙惟肖的女性雕塑，是约瑟夫·马尔的作品。他使用的材料是生活中无处不在的糖。糖雕塑所表现出来的柔美与女性的柔美相得益彰，可见，这组作品材料的选择非常成功。

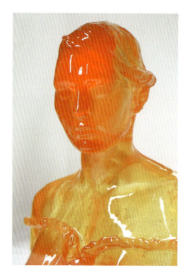

图6-6　糖雕塑

设计师约瑟夫·马尔用糖雕塑的女性形象，在灯光的照射下显得晶莹剔透，同时还表现出女性甜美、可爱的特点。设计师用生活中随处可见的糖作为雕塑材料，增加了糖果的趣味性和可塑性。

6.2　立体构成的自然材料

自然材料是指自然界中天然形成的造型材料。随着科技的发展和人们对材料要求的不断提高，各类新型人工材料出现在人们的生活中，然而，人们对自然的向往从没有减退，自然材料的原始与质朴感染着人们的内心，给人舒适、亲切的感受。

6.2.1　石材

石材也称石料，属于粗糙的天然材料，具有淳朴的表现力。石料由于成因、组成成分的不同，会有色彩、质地、强度的不同。总体来说，石材给人坚硬、沉重、冰冷的感觉。

在立体构成中，石材的运用也非常广泛，雕塑、建筑、装饰等方面都会运用到石材。

雕塑、纪念碑等都属于可承受机械荷载的全石材建筑；地面、柱子等属于部分承受机械荷载的石材；墙面的装饰用料属于不能承受机械荷载的石材。图6-7所示的埃及石柱，给人冰冷且坚实的感觉。

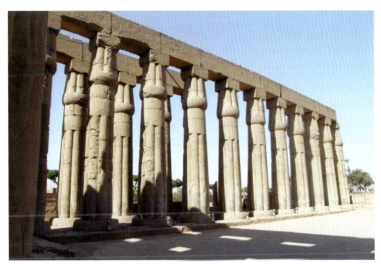

图6-7　埃及石柱

有些原石经过加工，也会有很高的审美价值，如玉石。石材的加工手段不同，所产生的视觉感受也不同。例如经过敲凿的石材有粗犷、浑厚的感觉；打磨后的石材有精细、光洁的感觉。

图6-8所示为具有观赏价值的水晶原石。

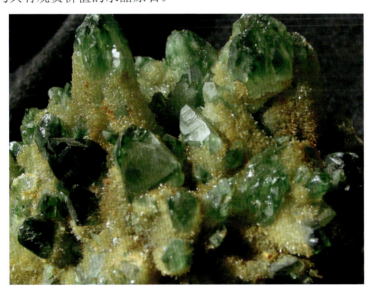

图6-8　具有观赏价值的水晶原石

案例 6-2

康斯坦丁·布朗库西的雕塑

康斯坦丁·布朗库西(Constantin Brancusi)是罗马尼亚的雕刻家,早年在国内接受教育训练。1904年移居巴黎后,作品逐渐显露其个人的风格特点。他的石雕及金属雕作品(如《吻》(1908)、《睡着的缪斯》(1910)和一组题为《麦厄斯特拉》(1912—1940)的变体雕刻)表现出作者对简洁的抽象美的探求;而他的木雕作品(如《巨子》(1915)等)却深受非洲艺术的影响,运用错综复杂的棱角,常以神话或宗教为主题。康斯坦丁·布朗库西1876年出生于罗马尼亚霍比塔的农民家庭,1957年逝世于巴黎,长期活动在法国。其中一个时期(1913年左右)曾受立体派和黑人雕刻的影响,开始制作简化造型的雕刻,他只选择少许主题,以不同材质进行创作。

如图6-9所示,康斯坦丁·布朗库西用简化的造型进行雕塑,用不同的材质进行创作,他被公认为是20世纪最具原创性的重要雕塑家。流线型的造型简洁凝练,加之材料本身光滑明亮的特质,使这组作品富有张力和灵动感,赋予观众以无限的想象空间。追求表现形式的内在精神与形式和材料结合的完美统一,这正是布朗库西艺术最主要的意义所在。

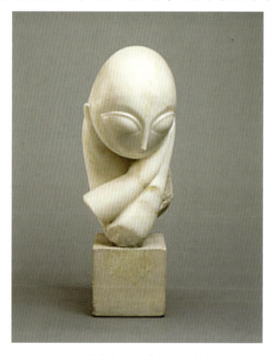

图6-9　康斯坦丁·布朗库西的作品

6.2.2　木材

木材非常广泛地存在于我们的生活和大自然中,与我们的生活密切相关,具有可再生性、吸湿性和一定强度。使用木材制作的立体空间构成能够给人温和、轻快的感觉。木板搭建的艺术品，如图6-10所示。

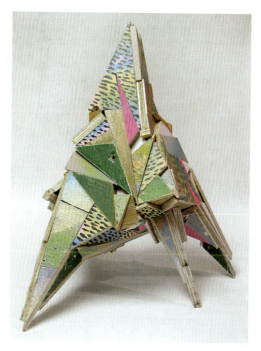

图6-10　木板搭建的艺术品

木材的种类很多，不同的木材，其物理特性不同，给人的感受也不同。在立体构成中，理想的木质材料的特性是：木节少，纹理平直，成本低廉，比较容易加工和利于造型，如椴木、云杉、白松、杨树等。

木材的加工方法有很多，锯割、刨削、接合、弯曲和雕刻是主要的加工方法。

6.2.3　泥土

泥土可应用于雕塑、陶器、瓷器中，是常用的立体构成材料。泥土分多种，包括黏土、瓷土、雕塑泥土、橡皮泥等。

(1) 黏土具有可塑性好、易于成型的特点，广泛应用在民间的泥塑中，可以对其进行彩色装饰。

(2) 瓷土又称高岭土，是烧制陶瓷的主要原材料。另外，石英长石也是烧制陶瓷的主要原料。陶瓷造型制作有着悠久的历史，传统的陶瓷制作加工流程为：成型(泥条盘筑成型、泥板成型、拉坯成型)→施釉→烧成→装饰(装饰在施釉前为釉下装饰，在烧成后为釉上装饰)→烤花→成品。

(3) 雕塑泥土多指深层的黄泥，可塑性强。

(4) 橡皮泥是类似陶泥的人工材料，较为常见，易购买，可塑性极强，加工方便，随着工艺的发展，也较为安全。砖块形橡皮泥如图6-11所示，颜色鲜艳的橡皮泥造型如图6-12所示。

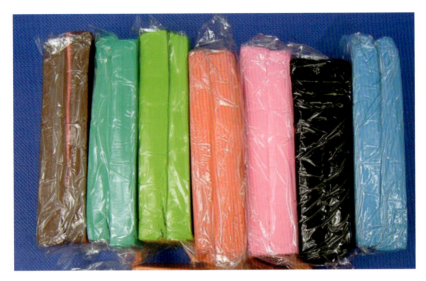

图6-11　砖块形橡皮泥

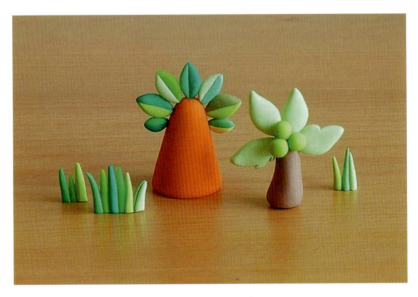

图6-12　颜色鲜艳的橡皮泥造型

现代陶艺设计更多地融入了立体构成的现代设计理念，同样，立体构成理念也使现代陶艺设计在材料选择、制作手法上都得到了更大程度的拓展。

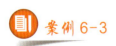

泥人张彩塑

泥人张彩塑，是指天津艺人张明山于19世纪中叶创造的彩绘泥塑艺术品。泥人张彩塑可以说是天津的一绝。"泥人张"在清代乾隆、嘉庆年间名气已经很大，使天津泥人大放异彩。它把传统的捏泥人提高到圆塑艺术的水平,又装饰以色彩、道具,形成了独特的风格。

泥人张彩塑创作题材广泛,或反映民间习俗,或取材于民间故事、舞台戏剧,或直接取材于《水浒传》《红楼梦》《三国演义》等古典文学名著,所塑作品不仅形似,而且以形写神,达到神形兼具的境地。

泥人张彩塑最精彩的作品是《钟馗嫁妹》,如图6-13所示。这套作品共有29个塑像,人物动作、性格、表情各不相同,是一套不可多得的艺术珍品。泥人张彩塑用色简雅明快,用料讲究,所捏的泥人历经久远,不燥不裂,栩栩如生,在国际上享有盛誉。泥人张善塑肖像,还曾给不少名人塑过像,藏于艺术博物馆。

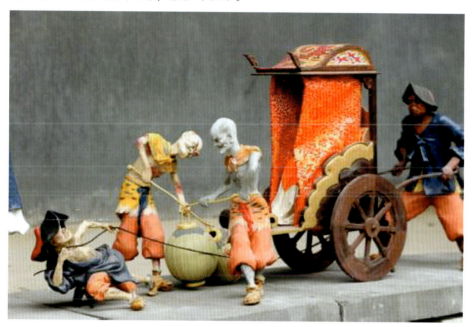

图6-13 泥人张彩塑《钟馗嫁妹》(部分)

6.3 立体构成的工业材料

工业材料也可以称为人工材料,是经过人类的加工和提炼产生的。在漫长的历史发展过程中,人类在不断地寻找、发现、生产着人工材料,如青铜、铁等。随着高科技的发展,工业材料越来越多。

立体构成中常用的人工材料有金属、纸、玻璃、塑料等。

6.3.1 金属

金属材料质地紧密、表面光滑,主要分为黑色金属(生铁、碳钢、合金钢等)、有色金属(重金属、稀有金属、贵金属等)、金属制复合材料(铝合金、碳合金、高温合金等)。在现代艺术设计中,钢、铁、合金成为主流材质。图6-14是人们利用废旧电路板创作的作品。

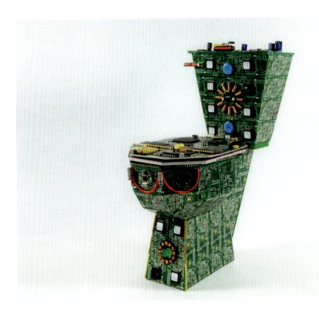

图6-14 用废旧电路板创作的作品

在艺术设计中,常见的金属材料有:铁,如铁板、扁铁、冷轧黑铁等;钢,如角钢、工字钢、方钢、不锈钢等;其他金属,如铝、铜等。

高温合金:在极高的温度下,不会发生熔化变形,仍能正常工作的金属材料,属高科技材料。

超塑性合金:一种很奇特的金属,在特定的温度下,这种金属会变得像糖一样柔软,并且有极强的延伸性能。

记忆合金:普通的金属材料在外力下变形,若变形超过金属弹性极限则永久变形,无法恢复原形。记忆金属的变形在超过极限后,只需加热,就可以恢复原形。

防震合金:一种具有消音和防震功能的先进金属材料。用这种金属材料制造的机械零件,可以直接削弱震源和噪声。

6.3.2 纸

纸有着悠久的历史,并在人们的生活中广泛使用,给人轻松、随和、便捷的心理感受。纸的种类很多,传统纸主要是从原材料的角度来进行划分的,如麻纸、皮纸、竹纸等。而现代纸张的生产加工技术先进,原材料丰富多样,纸的种类自然也是非常丰富。单从使用情况来看,可分为工业用纸、生活用纸、文化用纸等。

纸是立体构成中最常见的面材料,纸具有可塑性好、易定型、切割方便等物理特性。同时,纸材料又具有种类繁多,价格便宜,对加工工具要求简单的特点。在立体构成中,纸是最简便、最基本的材料,也是使用机会最多的材料。各种卡纸、手工纸、艺术纸和铜版纸都是立体构成中常用的纸张。图6-15所示为土耳其艺术家萨基尔(Sakir)的卫生纸艺术造型。

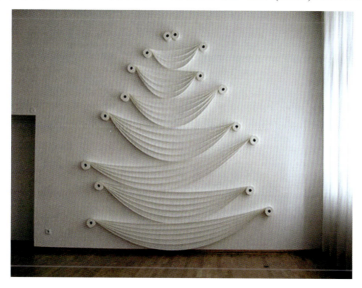

图6-15　卫生纸艺术造型

用纸材料做立体造型，加工方便、简捷。通常的加工方法是：折叠、弯曲、切割、接合。

6.3.3　玻璃

玻璃是我们生活中常见的材料，尤其是在建筑、工业设计行业常常见到。图6-16所示为玻璃杯的立体形态。在建筑设计方面，玻璃因采光、降噪等功能常被运用。不同的玻璃具有不同的形态、厚度和功能。玻璃常给人一种神秘、虚幻、透明的感觉，也具有延伸空间的作用。

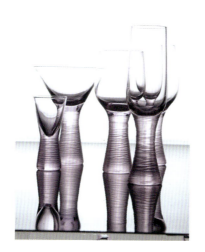

图6-16　玻璃杯的立体形态

玻璃一般具有较强的硬度，但易碎，呈现透明或半透明的物理特性。在常温下，玻璃的可塑性、韧性都很差。因此，玻璃材料的加工一般是在高温熔化状态下进行的。

玻璃还可以加入化学染色剂，使其呈现出五颜六色的色彩，丰富玻璃的使用范围。

6.3.4 塑料

塑料是典型现代工业材料，20世纪50年代后期被用于设计领域，当时使用的塑料以合成树脂或天然树脂为原料，经过高温成型。图6-17所示为用塑料吸管组成的台灯造型。

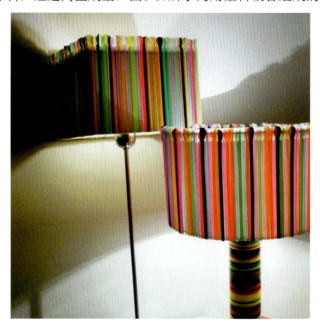

图6-17　塑料吸管组成的台灯造型

塑料的种类很多，从应用范围来看，可分为通用塑料和工程塑料。其中，工程塑料具有：软化点高、耐热；摩擦系数低、耐磨损；自润滑性、吸震性和消音性；耐油、耐弱酸、耐碱以及一般溶剂的物理特性，多用于工业产品制造。

在立体构成的设计制作中，目前使用较多的是ABS板和PVC管。

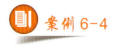

沙 雕 艺 术

沙雕是现代艺术与现代商业完美的结合体，一直与旅游业密不可分。沙雕因其参与性、娱乐性、大众性，每到一处，都为所在城市创造出新的旅游项目，带来可观的商业利益。

现代艺术与现代商业的相互契合，是沙雕近20年来在世界范围内被迅速推广发展的根本原因。沙雕已遍布100多个国家和地区，尤其是著名滨海城市。沙雕艺术的诞生，为滨海城市创造了全新的旅游项目，成为最受人们欢迎的海洋旅游项目之一。同时，沙雕艺术还向内陆城市延伸，荷兰已专门开辟了城市沙雕公园，定期变换主题，构成了独特的城市风景。近一两年，沙雕在亚洲地区也引起了积极的反响，除了日本、新加坡每年有赛事之外，我国大陆和台湾地区也先后举办了沙雕大赛。2001年3月在中国云南曲靖的陆良彩色沙林，又首创了全球国际彩色沙雕大赛，沙雕的内涵更加丰富。

简单来说，沙雕就是把沙堆积并凝固起来，然后雕琢成各种各样的造型。比较华丽的定义是：一种融雕塑、绘画、建筑、体育、娱乐于一体的边缘艺术，它通常通过堆、挖、雕、掏等手段塑成各种造型来供人观赏。

沙雕真正的魅力在于以纯粹自然的沙和水为材料，通过艺术家的创作，呈现迷人的视觉奇观。沙雕艺术体现自然景观、自然美与艺术美的和谐统一，其体积的巨大是传统雕塑难以比拟的，具有强烈的视觉冲击力。

沙雕只能用沙和水为材料，雕塑过程中不允许使用任何化学黏合剂。作品完成以后经过表面喷洒特制的胶水加固，在正常情况下一般可以保持几个月。由于沙雕会在一定时间内自然消解，所以又被称为"速朽艺术"。因为无法长期保存，所以每个作品都是独一无二且不重复的，这也正是沙雕的魅力所在。图6-18所示就是一个沙雕作品，图中的巨龙盘踞在地面，栩栩如生。

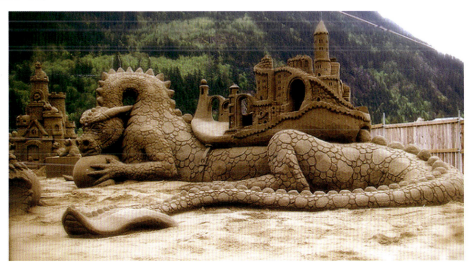

图6-18 沙雕

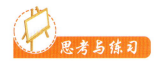

一、填空题

1．肌理按照不同的形成过程可以分为_____和_____。

2．材质是指材料的_____。不同的材料具有不同的特性，也有不同的物理、化学属性。

3．在立体构成中，石材的运用也非常广泛，＿＿＿＿＿、＿＿＿＿＿、＿＿＿＿＿等方面都会运用到石材。

二、选择题

1．立体构成是以（　　）为基础，以力学为依据，将构成要素按照形式美法则，选取适当的材料组成的立体形态。

  A．视觉   B．美感

  C．形式感   D．立体感

2．以下不属于立体构成的工业材料的是（　　）。

  A．金属   B．泥土

  C．纸   D．塑料

三、简答题

1．在大自然和生活中寻找不同肌理的材料，并简述各种材料的用途。

2．简述各种材料的特征与用途。

3．对石材进行搜集，并列举石材为人类做出的贡献。

第 7 章

立体构成在产品设计中的应用

立体构成

学习要点及目标

- 了解立体构成与产品设计之间的关系。
- 了解立体构成对产品设计的影响。

本章导读

构成是设计的前期阶段，构成的原理投射出很多设计的基础方法和基础规律，并且，创新意识是设计与构成共同追求的。立体构成也称为空间构成，是以一定的材料为基础，以力学为依据，将造型要素按照一定的构成原则，组成美好的形体，是艺术设计的基础学科，也是产品设计的基础。生活中常见的一些简约的家具或者灯具产品，其实就是一些好的立体构成作品的直接运用。本章会通过案例的列举，阐述立体构成在产品设计中的应用。

产品设计不只要做到外观的精美，而且也应考虑消费者的购买意图。图7-1所示为新型自行车的概念设计，这款新型自行车的外观设计造型新颖，明显地区别于其他自行车，而且折叠之后占地较小，可以很容易地放在私家车的后备箱中，方便很多人使用。

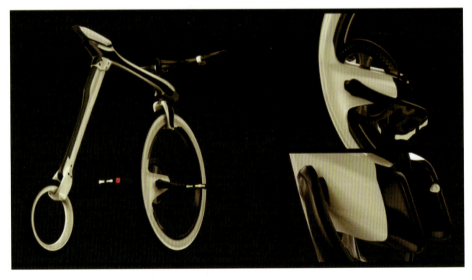

图7-1　新型自行车的概念设计

7.1　立体构成与产品设计

立体构成是研究在三维立体空间中将立体造型的要素按照一定的原则组成具有美学意义的立体形态的学科。在立体构成中，任何元素都能被看成是点、线、面、块体的组合和分解。立体构成旨在培养良好的空间思维能力、造型创造能力和想象能力。

立体构成是现代设计的前提，为真正学习设计理论和从事设计工作提供了准备工作，它是现代设计的重要组成部分。产品设计运用立体构成的原理，通过对几何形体的重构和解构使产品具有现代美感和体量感，使产品设计更加具有视觉美感，同时更能满足现代人的物质生活和精神生活的需求，如图7-2所示。

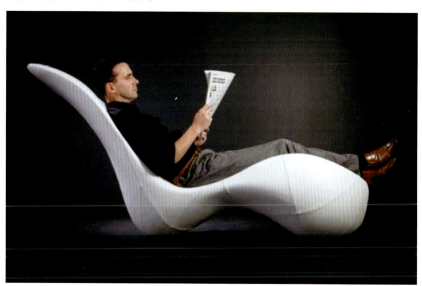

图7-2　躺椅

谈到立体构成与产品设计，不得不提到包豪斯设计学院。"立体构成"这门课程就是起源于1919年的德国包豪斯设计学院。

现在看来，包豪斯理论的出现是历史的必然，它提出"艺术与技术"相结合的理念，提出设计须是艺术的、科学的、设计的、使用的，是方便流水线生产的。这一思想使包豪斯成为现代构成设计的发源地和培养现代设计师的摇篮。

产品设计、建筑设计、服装设计及包装设计等都产生了不同的三维立体形态。形态的创造不是随意的、无目的的，应该是按照计划、有科学法则可遵循的活动。包豪斯学院院长格罗皮乌斯指出，不同的技术工艺，都会赋予产品独特的美感。包豪斯的学生在学习的过程中除了要学习基础的设计课程之外，还要学会如何认识周围的一切，教导学生如何设计出既符合标准又能表达设计者独立思想的物品，以及如何将产品的功能发挥到极致。

在造型的表现方面，包豪斯构成主张一切作品都要尽量简化为最简单的几何图形，这种以几何形体建构的结构具有理性的逻辑思维，加上标准化的色彩，使人容易学习抽象造型，并掌握其规律、原理，进而通过不同的设计将其体现出来。产品的设计过程就是将这些基础的理念和规律转化为实实在在的产品。有许多好的立体构成造型，只要融入实用功能就会成为一件产品。

实践证明，不能把构成看成一种简单的造型手段，而应该是实现造型目的的一种艺术观念和思维方式。

图7-3所示为不规则几何平面台灯，图7-4所示为极简主义风格的钟表。

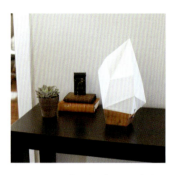

图7-3 不规则几何平面台灯

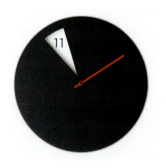

图7-4 极简主义风格的钟表

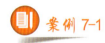 案例 7-1

密斯的巴塞罗那椅

1929年,密斯设计了巴塞罗那国际博览会的德国馆以及巴塞罗那椅,使他成为当时世界上最受瞩目的现代设计师。著名的"巴塞罗那椅"(Barcelona Chair)是现代家具设计的经典之作,被多家博物馆收藏。

图7-5所示为密斯设计的巴塞罗那椅。它由呈弧形交叉状的不锈钢构架支撑真皮皮垫,两块长方形皮垫组成坐面(坐垫)及靠背,非常优美且功能性强。椅子当时是全手工磨制,外形美观,功能实用。巴塞罗那椅的设计在当时引起轰动,地位类似于现在的概念产品。时至今日,巴塞罗那椅已经发展成一种创作风格。

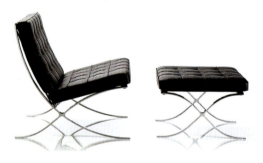

图7-5 巴塞罗那椅

7.2 立体构成的基本要素在产品设计中的应用

很多产品设计都是运用了立体构成的设计原理。生活中常见的一些家具或者灯具产品其实就是一些立体构成作品的直接运用。

1. 线元素在产品设计中的运用

立体构成中的"线"分为硬线材和软线材,其构成形式也分为框架结构、垒积结构、编结结构、拉伸结构等。"线"也常常运用在产品设计的过程中,直线表示静,曲线表示动,坚硬的直线比较男性化,圆滑的曲线比较女性化。

2. 面元素在产品设计中的运用

在立体构成中,面最大的特征就是产生轮廓,具有平整性和延伸性。在产品设计中面材主要是作为产品的表面,封闭平滑的面会有充实和高档的感觉。

3. 块体元素在产品设计中的运用

块体元素是立体造型中最基本的表现形式,它是具有长、宽、高三维空间的封闭实体。在形态上,它具有规则的几何体和自由体等。

4. 形式美法则在产品设计中的运用。

在设计过程中现代产品开始注重简约的造型形式,并包含了形式美的外观形态,这就是形式美在产品设计中的体现之一。产品设计是以产品这一实物形式呈现在人们面前的,它利用各种技术手段和艺术方法按照功能规律和审美规律来创造。设计的独特表现形式使美学这个主题更加广泛、更加深入地介入人们的生活。产品设计迫切要求人们正确认识产品的形式与审美的关系,用"美"的尺度,设计、制造富有形式美感的现代"艺术品"。

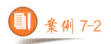 案例 7-2

美学+功能的装饰家具系列

设计师试图将美学形式与功能紧密结合到一起,所有设计选择都由形式美学所决定。这一系列作品包括桌子和椅子,这些家具都设有巨大的松木桌椅腿,它与轻薄的胶合板桌面或椅面直接相连。这种对比创造了强劲的、无需底部支撑结构的独立设计体。因此,设计的外形与功能就用一种无法言说的形式紧密结合起来。

图7-6所示为美学+功能的装饰家具,桌面和椅面上涂了一层细石墨涂料,小茶几使用了铝合金材料、大胆的橘金色涂料。另外,还有一件功能模糊的家具配件,材料选用了松木板和黑色石墨涂料。它既是一个小茶几,也能当作小凳子使用。

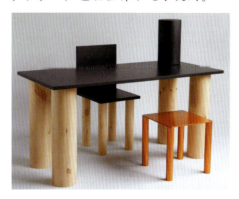

图7-6 美学+功能的装饰家具

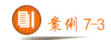

极具雕塑感的家具设计

简洁的东西可以有效地消除人和产品操作界面的隔阂,让人们享受使用产品功能的过程,这是深泽直人(Naoto Fukosawa)"无意识设计"的追求目标。Grande Papilio扶手椅是2013年日本设计师深泽直人为意大利家居品牌B&B设计的作品,体现了深泽直人对比例和形式的把控力。这款座椅是对早前2009年Papilio Chair(凤蝶椅)的改版,流畅的线条犹如从一个倒扣的锥形体变形而成。

与深泽直人于2009年设计的凤蝶椅织物或皮革外表皮不同的是,2013年新品Grande Papilio扶手椅由天然蕉麻交错编织而成,如图7-7所示。作为一种天然的材料,座椅可以放置在室内、室外阳台等任何空间中。另外,这种材料还有助于细节的体现,强调了蜿蜒曲线背部以及略呈圆锥形框架的平衡。当然,这款Grande Papilio扶手椅没有了原凤蝶椅沿背部拉链的设计。

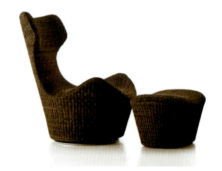

图7-7　Grande Papilio扶手椅

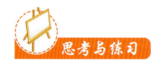

一、填空题

1. 立体构成是研究在_____中将立体造型的要素按照一定的原则组成具有美学意义的立体形态的学科。
2. 形态的创造不是随意的、无目的的,应该是按照_____、有科学法则可遵循的活动。
3. 立体构成中的"线"分为_____和_____,其构成形式也分为框架结构、垒积结构、编结结构、拉伸结构等。

二、选择题

1. "立体构成"这门课程起源于(　　)年的德国包豪斯设计学院。

A．1919　　　　　　　　　B．1998
C．1910　　　　　　　　　D．1889
2．在造型的表现方面，包豪斯构成主张一切作品都要尽量简化为(　　)。
A．立体图形　　　　　　　B．几何图形
C．四边形　　　　　　　　D．圆形
3．Grande Papilio扶手椅同样有(　　)旋转座椅设计。
A．180°　　　　　　　　　B．90°
C．100°　　　　　　　　　D．360°

三、简答题

1．简述立体构成在产品设计中的运用。
2．产品设计过程中是如何体现立体构成的形式美法则的?

第8章

立体构成在环境艺术设计中的应用

立体构成

学习要点及目标

- 深入了解立体构成对环境艺术的影响。
- 了解立体构成与景观设计的关系。
- 了解立体构成与建筑设计的关系。

本章导读

狭义的环境艺术设计是用物质技术手段对建筑内外进行环境再创造的活动，而广义的概念和范围几乎覆盖了地球表面所有和地面环境的美化装饰有关的领域。我们在此常常指狭义的概念。立体构成的形态要素具有环境艺术设计中形状、轮廓的特征，是由内在结构、外在结构等形成的构成，这些形态要素同时也组成环境艺术设计中的形态。因此，立体构成与环境艺术设计有着千丝万缕的联系，环境艺术设计是运用立体空间构成的原理和方法组成的。

立体构成在环境艺术设计中的应用很普遍，如阿德南立交桥(见图8-1)的设计。阿德南立交桥只用"一条线"进行概括，然而这条线曲直分明，从造型上看满足了现代建筑设计简洁的原则，以及曲与直对比的形式美法则。

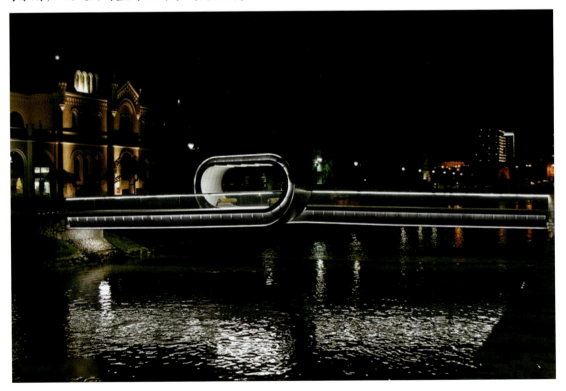

图8-1 阿德南立交桥

第8章 立体构成在环境艺术设计中的应用

8.1 立体构成与景观设计

在城市发展的今天，景观设计已成为物质文明和精神文明的载体。景观设计是现代化环境建设的重要因素之一。每一件景观设计作品都诠释了立体构成与环境之间的关系，以及给人的感受。

8.1.1 立体构成与雕塑

雕塑、装置艺术都是构成景观的重要元素之一，是"场地+材料+情感"的综合展示艺术，既可以是私人空间，又可以出现在公共场合。现代雕塑设计的原理来源于立体构成，两者的构成形态非常相似。

图8-2所示为青岛"五四广场"上的标志性雕塑《五月的风》。雕塑取材于钢板，并辅以火红色的外层喷涂，其造型采用螺旋向上的钢板结构组合，以精练的手法、简洁的线条和厚重的质感，表现出腾空而起的"劲风"形象，给人以"力"的震撼。雕塑整体与浩瀚的大海和典雅的园林融为一体，成为"五四广场"的灵魂。如果将这件城市雕塑按比例缩小，其实就是一件立体构成作品。

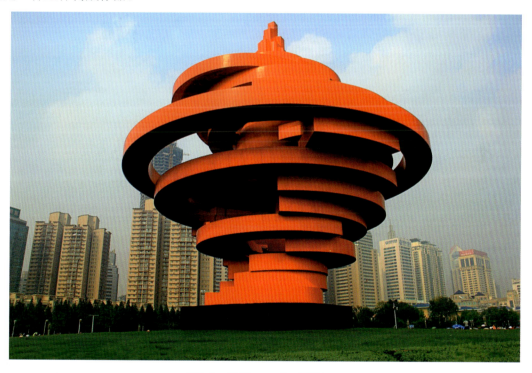

图8-2 雕塑——《五月的风》

8.1.2 立体构成与园林景观

第二次世界大战结束至今，立体构成的一些形式美法则被运用到园林景观设计中。例如，在园林景观的设计过程中，园林的布局、小品的设计、植物的树形等各个要素都与立体构成的形式美法则有着或多或少的关系。如图8-3～图8-5所示，泰国howies homestay酒店的设计就融合了立体构成元素，并将自然与建筑、小品等融合到一起，是一种自然美与人工美的结合。通过立体构成形态要素的运用，将整个景观简化成不同的几何形态，可以发现，这些形态要素的对比与统一做得非常完美。

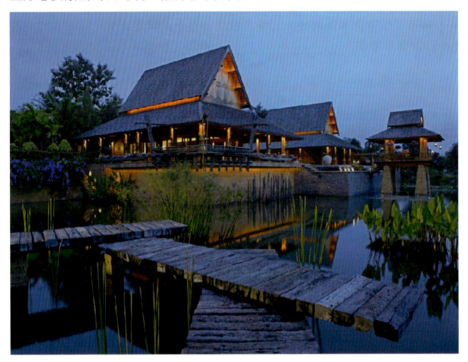

图8-3　泰国howies homestay酒店(1)

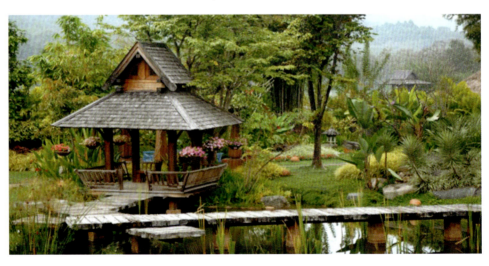

图8-4　泰国howies homestay酒店(2)

立体构成在环境艺术设计中的应用 | 第8章

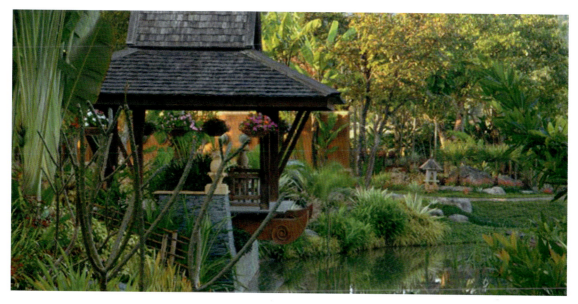

图8-5　泰国howies homestay酒店(3)

　　在立体构成中，材料和肌理也是主要因素，肌理起着装饰性和功能性的作用。而在园林景观设计中，枝干的光滑和粗糙、叶片的蜡质和绒毛、单叶及复叶等都会成为园林景观设计的材料和肌理而被人们所利用，因为不同的肌理会给人带来不同的视觉效果和心理感受。园林中的山石因为具有意境美和特殊的神韵，被认为是"立体的画""无声的诗"。

　　当对不同造型的树木、公共设施及小品、建筑等元素进行空间布局时，应注意各个元素结构之间的对比调和以及整个景观场地的天际线变化，并进一步调整空间的尺度和比例，解决好空间与空间之间的分割、衔接、对比与统一。

　　将元素分成不同的层次，然后层层叠加，形成既丰富又统一的秩序景观结构，这样才能构成优美的园林景观环境。

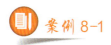

Scott Shrader的家：图片画廊

　　在加拿大南部地区，景观设计师Scott Shrader在自家的别墅外部区域建造了一个舒适的后花园作为招待亲友、漫步和餐饮的场地。

　　图8-6和图8-7所示为Scott Shrader的家：图片画廊。在此设计中的后花园，设计师以砖和混凝土将后院分成三个45英尺(1英尺=0.3048米)的区域并定制了法式大门，花园两边有两棵橄榄树。里面有沃尔特·兰姆设计的椅子、一个用回收的脚手架制作的桌子、Guatemalan铺路材料和雕塑家Simon Toparovsky设计的名为"Flight of Icarus"的雕塑。从图中可以看出，该后花园的环境非常优美。

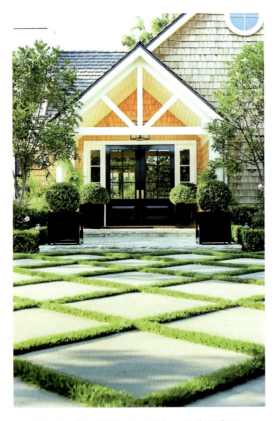

图8-6 Scott Shrader的家:图片画廊(1)

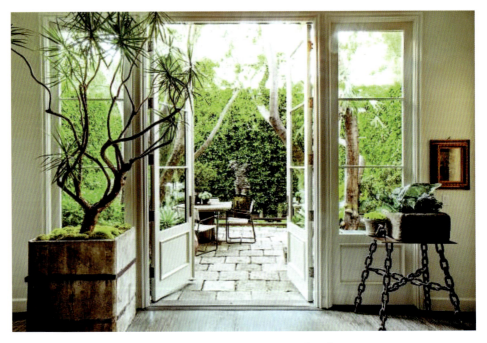

图8-7 Scott Shrader的家:图片画廊(2)

8.2 立体构成与建筑设计

在建筑造型设计中，体现了立体构成基本法则的进一步运用。

8.2.1 明确研究内容

立体形态构成在建筑造型设计中需研究以下内容：构成要素在三维空间中形成的量块和空间、由视觉位移所产生的立体形态变化、立体形态给人造成的心理感受、形态结构的意象和逻辑。

例如，马哈拉特的大部分经济收入依赖于从事石材切割及加工的业务，但因为石材切割技术效率低下，其中超过一半的石料被废弃。在这种背景条件下，设计师设计建造了伊朗1号公寓(见图8-8～图8-10)，该项目旨在通过回收、再利用建筑外墙和部分内墙的剩余石材，提高当地施工队伍对回收石材的使用率，将低效转变为经济环保。

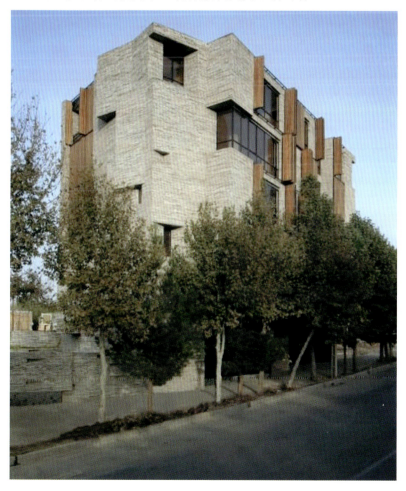

图8-8　伊朗1号公寓(1)

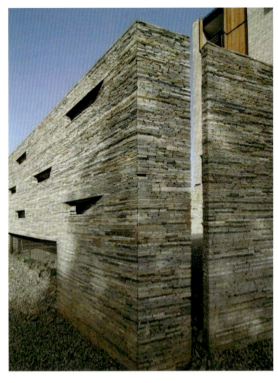

图8-9　伊朗1号公寓(2)

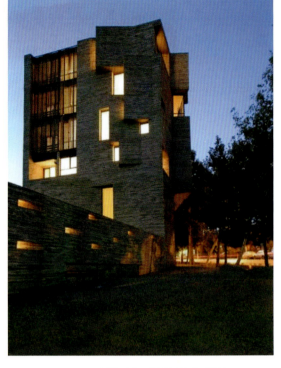

图8-10　伊朗1号公寓(3)

8.2.2　面材的运用

现代建筑造型中，面占了很大比重，无论是全混凝土的实面还是布满窗体的虚面，都体现了立体构成的面的特性。不同的面会有不同的情感特征，如长方形、三角形、圆形具有简洁、明确、秩序的美感；曲面形柔美、自然，具有动感。

许多曲面造型的建筑设计，更是发掘并应用了一些来自动物、形体或是个人感受的自然线条，收到了意想不到的效果。因形体、材质的关系，面也可产生不同的虚实效果，而虚实是相对而言的。

8.2.3　块体的运用

块体是立体构成的重要元素，也是其所体现的构成形式。块体是构成最大的单位，一般建筑皆是单纯块体或是块体的组合。块体分为简单形体和复杂曲面体。由三角形、长方形、圆形所构成的阿基米德形体就是一种简单形体，给人以简洁、明确、秩序感；而由复杂曲线构成的曲面体，则产生流动的变化感。

由于块材形态特征无限丰富，其构成体的组合方式也是极其丰富的。在建筑造型的体量上，构成建筑形体的多个块体一般大小不一，往往以一个块体为主体，其他作为补充和呼应，这样主次分明，主体更为突出；也有采用两个或多个完全等大的个体的方案，较好地体现了节奏感和韵律感。在建筑外观设计教学过程中，我们更多强调的是一种感性、一种思维方式，立体构成的空间概念给了我们足够的范围去想象和创造。

立体构成为空间造型设计提供了广泛的构思方法和方案，为我们积累了大量形象资料。它是空间造型设计的基础，是一种视觉语言，是展开我们无限想象的一条思路。

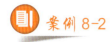

木质摩天大楼

木质摩天大楼(见图8-11)以木头为建筑主材，由C．F．默勒建筑事务所、瑞典迪内尔约翰松建筑事务所和城市规划咨询公司蒂伦斯为参加瑞典建筑协会"HSB斯德哥尔摩"建筑竞赛而设计，位于瑞典首都斯德哥尔摩。这座建筑在混凝土搭建的框架外使用木材作为装饰，再在木材外加装玻璃。这样的好处是减少了建筑自身的重量，而木材本身优良的保温、声学优点也得以保存。

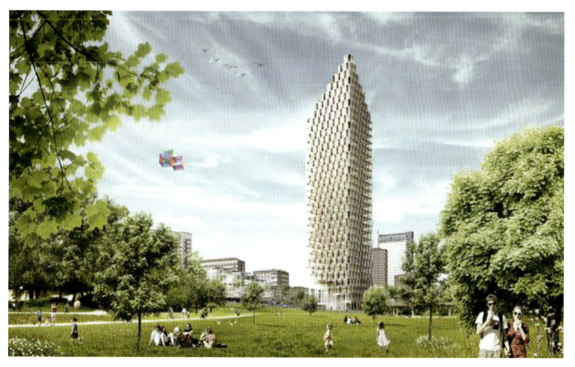

图8-11　木质摩天大楼

这栋摩天大楼通过太阳能电池板来供电，每间公寓都有一个玻璃覆盖的阳台，大楼的侧面还有绿色植物。

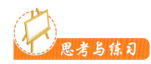

思考与练习

一、填空题

1. 现代雕塑设计的原理来源于_____，两者的构成形态非常相似。
2. 在园林景观的设计过程中，园林的布局、_____、植物的树形等各个要素都与立体构成的形式美法则有着或多或少的关系。
3. 不同的面会有不同的情感特征，如长方形、三角形、圆形具有_____、_____、_____的美感。

二、选择题

1. 青岛"五四广场"上的标志性雕塑《五月的风》，高30米，直径为27米，重达（　　）多吨。
   A．100　　　　　　　　　B．400
   C．300　　　　　　　　　D．500

2. 泰国howies homestay酒店的设计融合了立体构成元素，将自然与（　　）、小品融合到一起是这座酒店最大的特色。
   A．建筑　　　　　　　　B．风景
   C．人文历史　　　　　　D．社会

三、简答题

1. 举例说明立体构成与雕塑设计的内在联系。
2. 立体构成是通过什么途径来指导建筑设计的？

第9章

立体构成在服装设计中的应用

立体构成

学习要点及目标

- 了解服装设计与立体构成的关系。
- 了解立体构成的形式美法则在服装设计过程中的运用。

本章导读

立体构成研究的是在三维的立体空间下将造型元素按照形式美法则组合成具有美学意义的造型的学科。服装设计是从二维平面形态向多维立体形态转化的过程，培养设计师的立体思维与空间造型能力是服装设计专业的基础，也是重点。服装的立体造型的设计过程也是设计思维与实践相结合的过程，从这个意义上来说，构成设计是基础与专业衔接的桥梁。

图9-1所示的作品不仅从立体构成的要素上做到了和谐统一，而且还表现了形式美法则的共通性。

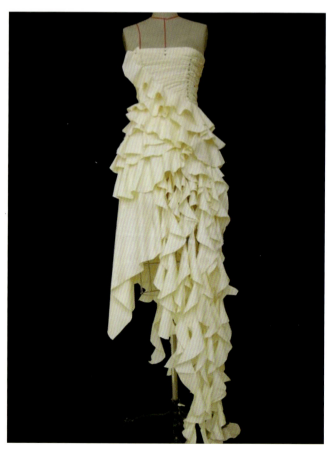

图9-1 服装设计中的立体构成

9.1 立体构成的基本要素在服装设计中的应用

服装造型设计与立体构成的造型有着莫大的联系，它是立体构成的发展状态，它的构成要素基本源于立体构成的设计元素。因此，立体构成的基本要素在服装设计中有着广泛的应用。

9.1.1 服装设计中点元素的运用

点是立体构成中最基本的元素，点的体积有大有小，形状各异。在服装构成设计中，花结、纽扣、花纹、图案等都可以作为服装设计中的点元素装饰于领、胸、腰等部位。在服装设计中，应该充分考虑点元素的特征，才能起到"画龙点睛"的作用。图9-2所示是点元素在国际品牌D&G的设计作品中的运用。

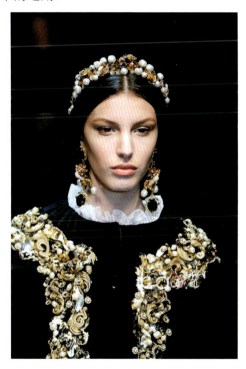

图9-2 点元素在国际品牌D&G的设计作品中的运用

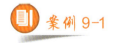

ELIE SAAB 2014年春夏系列服装

与季节一致，春装的粉嫩总是能够使人感到一种生命的活力。ELIE SAAB 2014年春夏系列服装从大自然撷取灵感，体现了万象更新的灵动气息，如图9-3～图9-6所示。

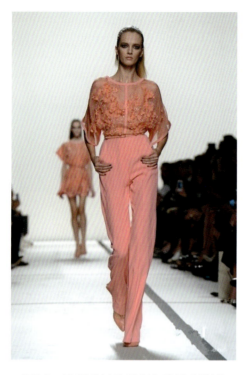

图9-3　ELIE SAAB 2014年春夏系列(1)

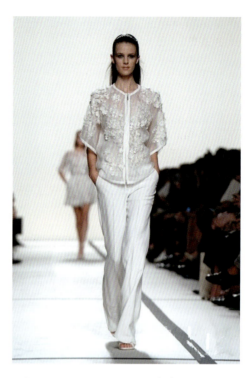

图9-4　ELIE SAAB 2014年春夏系列(2)

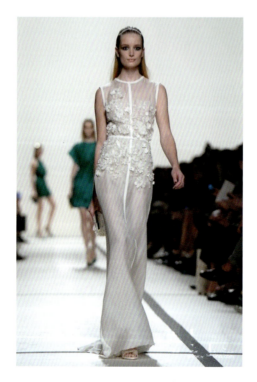

图9-5　ELIE SAAB 2014年春夏系列(3)

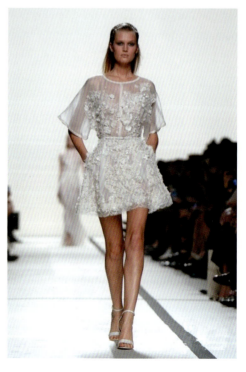

图9-6　ELIE SAAB 2014年春夏系列(4)

在该系列服装中,色彩缤纷纵然是一大特色,但用娇媚的花朵作为"点"元素点缀服装的方式也是这一系列衣服的特点。美丽的花朵盛开在华丽的衣服上,让人似乎嗅到了春天的气息。

9.1.2 服装设计中线元素的运用

在立体构成中,线的形态有长有短、有粗有细、有曲有直,不同的线可以表达出不同的感觉和意境。而在服装设计中,线一般以结构线、装饰线的表现为主,而且线的运用有性别差异,男装多以直线来表达男性的阳刚,女装则多以曲线来表达女性的优雅之美。

9.1.3 服装设计中面元素的运用

在立体构成中,面元素具有平薄、扩展的感觉,这种特性使面在服装设计中非常具有可塑性。服装以衣料为面材,以肩、胸、腰、臀等几个关键部位为依据按比例计算,经过剪裁加工制成成衣,形成立体空间造型,包裹人体,体现美感。

折叠、切割、镂刻等加工能够丰富服装的造型,并使服装呈现不同的肌理效果。

9.1.4 服装设计中材料元素的运用

随着人们对艺术和美的理解与追求,服装的材料也越发多样,从特殊的金属、陶瓷等到纸张、塑料,从普通的棉麻制品到自然界中动植物的皮毛等都成了服装设计师运用的材料。

材料的美感直接影响服装造型设计的表达,成为服装设计的"表情"。不同质感的材料会有不同的效果,如光滑的质感给人华丽的感觉,粗糙的质感给人淳朴的感觉,轻盈的质感给人飘逸的感觉等。在设计的过程中,设计师也尝试用现有的材料塑造新鲜的肌理质感,如牛仔面料的破洞,使服饰的形态更加丰富多彩,充分满足人的视觉与触觉。

服装立体构成的抽褶法、填充法、堆积法、折叠法、绣缀法、编织法等表现技法都可极大地加强和渲染服饰造型的表现力,使服装的语言变得更丰富,更妙趣横生,更具有感染力。

提倡自然的DECOSTER品牌常常以柔和清新的态度示人,选择环保的面料,提倡衣服的舒适感和设计感是他们的宗旨,通过天然纤维面料的选择,不仅可以将女性柔软的生命力体现出来,还能传达一种舒适的生活态度。图9-7~图9-9所示的这几件舒适性和设计感相结合的女装因多元文化的截取和艺术形态的丰富令人耳目一新,给人轻盈的感觉。

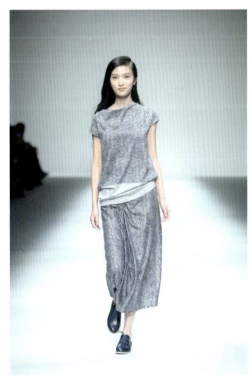

图9-7 DECOSTER品牌女装(1)

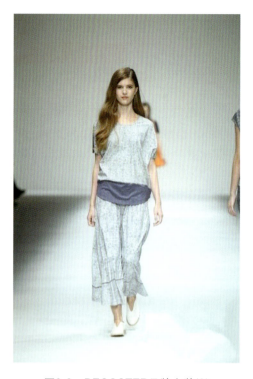
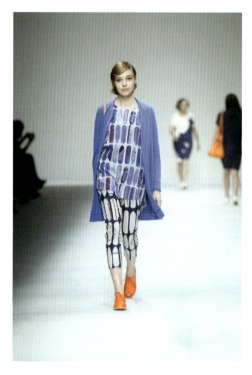

图9-8　DECOSTER品牌女装(2)　　　　图9-9　DECOSTER品牌女装(3)

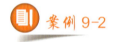

Vera Wang的作品赏析

王薇薇(Vera Wang)是华裔著名服装设计师，她设计的婚纱简约、流畅，没有任何多余的夸张的点缀物。褶皱、蕾丝这些传统的婚纱元素仍然被Vera Wang使用，但她更关注布料的特性、平滑的裙身与立体的剪裁。

图9-10和图9-11所示为Vera Wang的婚纱作品，轻薄坚挺的布料是Vera Wang婚纱的一大特色，因为厚重不透气的面料不但不能让新娘感觉舒服，而且会留下极不好的印象。头纱和花饰的选择更是她在意的。

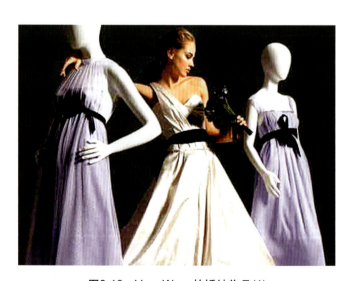

图9-10　Vera Wang的婚纱作品(1)

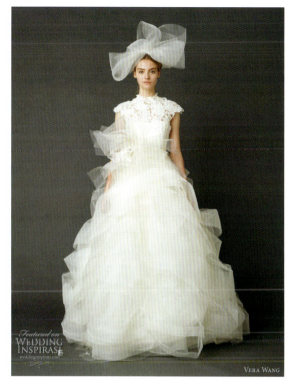

图9-11　Vera Wang的婚纱作品(2)

9.2 从立体构成的角度看服装设计的特殊性与普遍性

9.2.1 从立体构成的角度看服装设计的特殊性

服装设计不同于其他立体空间的构成,它不像绘画、雕塑那样根据艺术家的感受和想法或抽象或真实,也不像建筑造型那样,在满足人的居住和活动需求外,还具有更大的灵活性和表现性。

服装的造型是在人体结构的基础上,利用各种制衣材料进行形态的表现和再造。正如所有的空间造型艺术都要有一个支撑造型的基本构架一样,人体就是服装造型的构架体,没有它,服装就没有了支撑。

从设计的范围看,服装设计的范围仅存在于人体,这相对制约了服装的造型,也对服装造型使用的材料提出了更高的要求。

9.2.2 从立体构成的角度看服装设计的普遍性

服装设计同样具有立体构成的普遍性——遵从形式美法则,这在服装的图案和造型中能够体现出来。

1. 统一与对比

统一是指立体构成的各个要素应该彼此产生关联且富有秩序，从而产生和谐的美感。服装的立体构成要从单纯、秩序、重复、调和四方面进行探讨。单纯并不是指单调，而是抓住服装最主要的特质，将精简的要素有力地表达出来；重复是为了让服装有秩序感；调和是指服装的各要素之间的统一。

2. 平衡

立体构成要素之间的平衡包括对称和均衡，两种不同的平衡形式在空间造型的最终呈现上会有不同的感觉。如能很好地调解，就能产生平衡状态，如中山装就是运用了对称，西装则是运用了均衡。

在进行服装构成设计时合理地运用好平衡的形式法则，会产生安定、静止的感觉，如要表现运动感则要打破这种平衡。

3. 比例

比例在服装设计过程中显得尤为重要，因为这体现了整体与部分、部分与部分的关系。在服装设计过程中，要注意人体的高度与服装的比例关系以及服装整体与部分之间的比例关系，如上衣的长度与裙子的长度等。图9-12所示是一款时尚的BOSS西装外套，其胸部贴袋和两个侧面铲形口袋与西装外套的整体比例恰当，符合男士服装设计的比例要求。

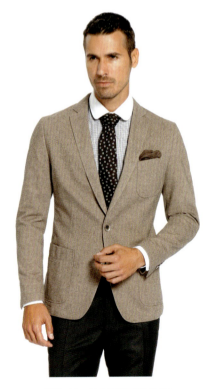

图9-12　BOSS西服外套

4. 强调

强调是指有意加强作品中某一部分的视觉效果，使其在整个作品中成为重要的焦点。在服装设计过程中，可在面料中添加异物或衬物，形成凹凸感，加强款式的立体感。一般用于人体较为突出的部位，如肩部、胸部、胯部及臀部等。服装立体形态的夸张程度，取决于设计者对其进行突出、强化的程度。

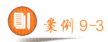

强调逃生主题的服装设计

图9-13和图9-14所示的服装，强调逃生主题，设计理念新颖。在2012年12月之前，人们对世界末日的猜想有很多，想象着人类所要遭受的灾难。2012年夏季Jen Kao的新季作品中，服装设计师运用自己独有的表达方式充分体现了逃生的主题。

逃生服饰除了夸张的设计、独特的裁剪之外，主要针对常见的天气而设计，比如沙尘暴、暴雨、台风、暴风雪等恶劣天气。

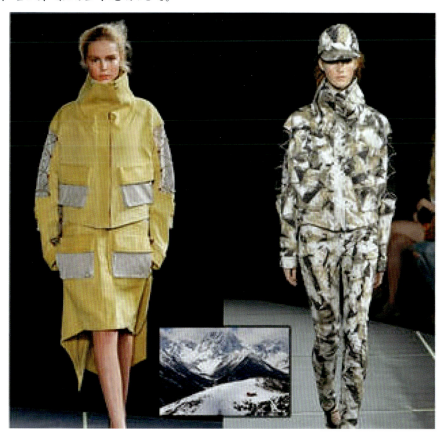

图9-13　突出末日主题的服装(1)

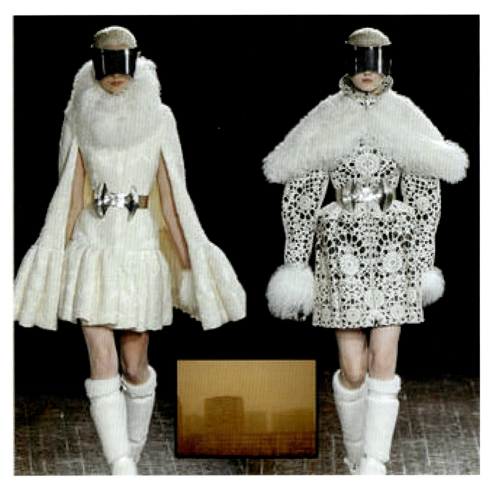

图9-14 突出末日主题的服装(2)

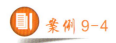

Stella McCartney 2014春夏系列

斯特拉·麦卡特尼(Stella McCartney)，是前甲壳虫乐队(The Beatles)成员保罗·麦卡特尼的女儿，自幼受摇滚乐熏陶的斯特拉·麦卡特尼，在伦敦著名学府中央圣马丁学院(Central Saint Martins College)主修美术及设计。斯特拉·麦卡特尼设计的时装是舒适的、性感的和具有现代时尚风格的。就像她所希望的那样，她的设计能够带给女性美丽与自信的感觉。Karl Lagerfeld 领导下的Chloe多年来一直维持着希腊神话般的古典风格，而斯特拉·麦卡特尼则在保持浪漫优雅的基础上，注入了年轻女孩的天真梦想，这个改变带动了Chloe 整体品牌形象的年轻化。

斯特拉·麦卡特尼接手Chloe后，短短数年间，为人津津乐道的设计举不胜举，对比与矛盾的风格更是无人能出其右。贴身低腰裤、斜裁及膝裙、心形碎钻眼镜，以及用飞鹰、虎头和花花公子兔头作图案的放射印花的T-shirt和背心等,这些斯特拉·麦卡特尼的设计作品融合了复古和摇滚的特异风格,不断成为各地有性格的时尚女性的最爱。除了保留Chloe原有的自信、成熟和浪漫的女性化风格,斯特拉·麦卡特尼在设计中还加入许多歌颂大自然的、有趣的图案,如动物和植物等。

长期吃素的斯特拉·麦卡特尼始终坚持保护野生动物,从不用动物皮革和皮草当素材。她所设计的皮鞋、手袋等均以塑胶或PVC制造,昂贵的皮草在Chloe品牌中更是毫不存在。

清透与朦胧感是Stella McCartney 2014春夏系列服装共有的特点,如图9-15～图9-17所示。棉质的上衣与乌干沙拼接、鳄鱼纹的重复与服装本身的干练、纱质服装与内衬的和谐都体现了这几款衣服中各要素之间的对比与统一,使衣服看起来既活泼又统一。

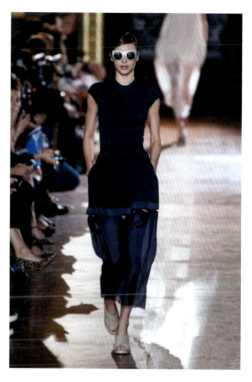

图9-15　Stella McCartney 2014春夏系列(1)

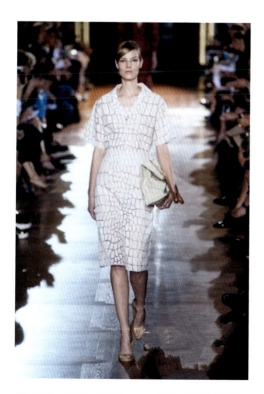

图9-16　Stella McCartney 2014春夏系列(2)

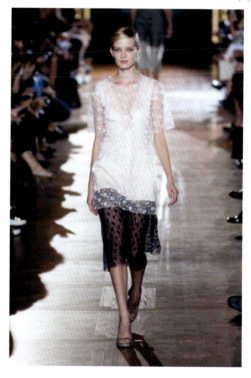

图9-17　Stella McCartney 2014春夏系列(3)

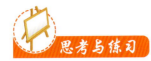

一、填空题

1. _____是立体构成中最基本的元素，点的体积有大有小，形状各异。
2. 在服装立体构成中，花结、_____、_____、图案等都可以作为服装设计中的点元素装饰于领、胸、腰等部位。
3. 服装设计同样具有立体构成的普遍性——遵从_____，在服装的图案和造型中能够体现出来。
4. 立体构成要素之间的平衡包括_____，两种不同的平衡形式在空间造型的最终呈现上会有不同的感觉。

二、选择题

1. 立体构成中，面元素具有（　　）、扩展的感觉，这种特性使面在服装设计中非常具有可塑性。
   A．平薄　　　　　　　　B．稳重
   C．时尚　　　　　　　　D．宽广
2. 以下不属于服装设计法则的是（　　）。
   A．统一与对比　　　　　B．平衡
   C．比例　　　　　　　　D．构成

三、简答题

1. 立体构成的形式美法则与服装设计的形式美法则有哪些区别与联系？
2. 服装设计中的点、线、面、肌理分别具有哪些特点？请举例说明。

第10章

立体构成在包装设计中的应用

立体构成

学习要点及目标

- 了解商品包装设计的基础理论。
- 了解立体构成对包装设计的作用。
- 从立体构成的角度学习商品包装设计的造型法则。

本章导读

包装是产品的"外衣",可以对产品进行保护和美化。随着人们对物质文化和精神文化的追求,包装设计逐渐成为材料、美术、心理、市场等要素融合的产物。在艺术设计领域,立体构成作为一门独立学科,不仅研究立体造型的元素,而且研究空间中立体形态的构成法则,在日益激烈的市场竞争环境下,为商品包装设计提供了重要的理论基础和指导性法则。包装设计分为包装结构设计、包装造型设计、包装视觉设计。其中,包装造型设计与立体构成有着密切的联系,可以说,包装的造型设计的过程就是立体空间造型设计的过程。

可口可乐集装箱是设计师Ferdi Fikri为可口可乐公司设计的,如图10-1所示。在这款设计中,集装箱秉承了包装设计的首要原则——保护产品。可口可乐集装箱不仅起到保护产品的作用,而且这一设计秉承了可口可乐的品牌承诺理念,就是要在这个同质化产品的视觉繁杂时代创造一个集中视觉冲击力的品牌形象物品。同时,设计符合人体工程学的设计,提手的设计方便搬运工人的搬运,底座的设计便于摆放且能充分利用空间。

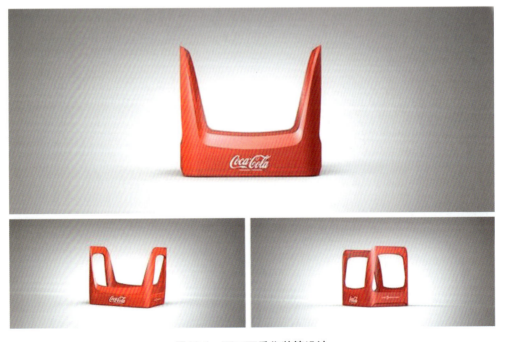

图10-1 可口可乐集装箱设计

10.1 立体构成的元素在包装设计中的应用

立体构成同平面构成、色彩构成一样，用抽象而纯粹的几何形态进行表达，强调几何形态的抽象表现力。它对现代包装设计也有十分重要的影响。

1. 点在现代包装设计中的运用

在几何学中，点是除了拥有固定位置之外的虚体；而在立体构成中，点是具备高度、深度、长度的三维空间实体，也是立体空间构成的基本元素，为产生不同的视觉造型效果发挥着自身的作用。

在商品包装的造型设计中，立体构成的点成为设计元素的一种，如果设计得当，可以给人饱满、充实的感觉，从而吸引消费者注意力，激发消费者的购买欲望。图10-2所示为巧克力包装设计，将巧克力置于排列整齐的模子中，产品本身也成了包装设计的元素。

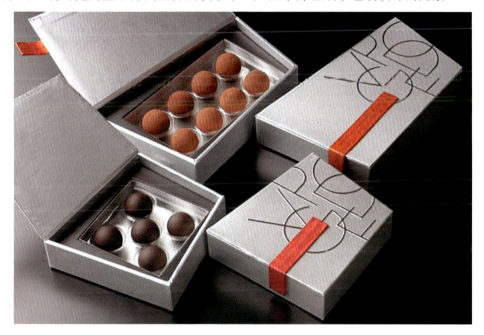

图10-2 巧克力包装设计

2. 线在现代包装设计中的运用

通过前面章节对立体构成元素的学习，我们可知线能够塑造出丰富的情感韵味。立体构成中线材分为软质线材和硬质线材，前者在现代包装设计中多以绳索、丝带等为材料，以打结为方式，对商品进行包装，起到保护且美化商品的作用；后者在现代包装设计中常作为稳固包装以保护商品。将立体构成的元素运用到包装设计中，常常会带来吸引人的效果。例如，将麻绳作为包装设计的元素会给消费者一种产品原生态的感觉，如图10-3所示。

立体构成

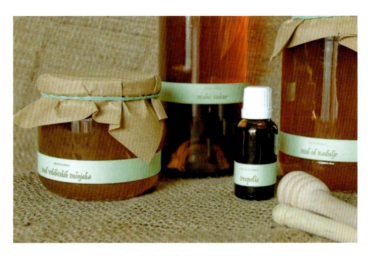

图10-3 将麻绳作为包装设计的元素

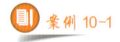

盒子铺叠盒——实现空间的无限叠加

盒子铺小正方竹盒取材江浙等地的毛竹，质朴的手工感、简洁的设计感、一器多用的实用性，以及作为包装产品的灵活性，为主体产品的高溢价奠定了基础。作为礼盒包装、茶叶包装、食品包装，充满创意和灵感。

小正方竹盒，在空间上以加高层和向上叠加的方式，实现了容量的可伸缩性，如图10-4所示。

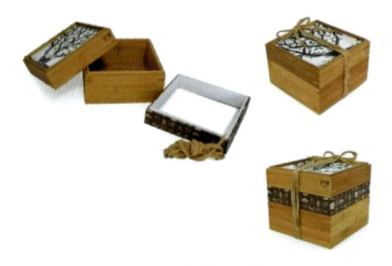

图10-4 盒子铺叠盒设计

盒身或者盒盖分开，另有妙用，盒盖可当托盘，小巧轻盈；盒身可当果盘、糖果盘、收纳盒、陈列架等，如图10-5所示。

立体构成在包装设计中的应用 第10章

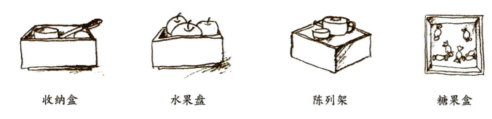

| 收纳盒 | 水果盘 | 陈列架 | 糖果盒 |

图10-5　叠盒的应用

盒子叠加，可将易碎物品分层放置，也可盛装不同的物品，如一层茶叶、一层茶罐、一层茶壶、一层茶杯，如此一份礼物，周全精美。

10.2 包装设计体现的形式美

随着经济的发展，对于包装人们已经不再限于保护商品这一简单的要求，对商品包装的美的功能提出了越来越高的要求。

学者杜虹提出："形式美是指构成包装外形的物质材料的属性和它们的组合规律所呈现的审美特性，来源于包装的形态、色彩、材质、装饰及其相互组合产生的和谐美。"

立体构成的抽象思维与形式美法则对现代设计都有着直接或间接的影响，商品包装设计作为现代设计中的一个门类，自然受到立体构成艺术的影响。包豪斯在形式上追求抽象性，以抽象的点、线、面作为构成作品的基本语汇，作品风格呈现理性而严谨的几何结构，强调"少则多"，反对装饰，形式简约，注重技术美和机械美。包豪斯的构成原理就是把点、线、面、块体、色彩、肌理等基本要素按照形式美规律进行创造性的组合。

图10-6和图10-7所示为某矿泉水的瓶体设计和包装设计，该设计将图案、色彩、瓶体、盒体等各元素组合起来，各元素之间相互协调、相互统一，既有色彩的对比又有色调的统一，既有盒体的平衡对称又有图案的活泼动感，不失为一个好的包装设计作品。

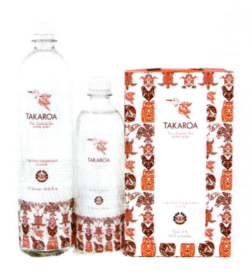

图10-6　某矿泉水的瓶体及包装设计

133

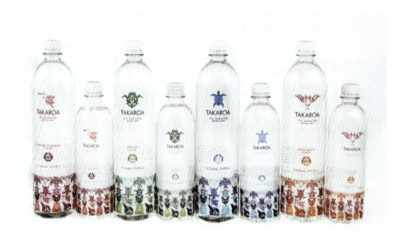

图10-7　某矿泉水的瓶体设计

构成艺术在现代包装设计中的应用就是要把点、线、面、块体等概念元素置换成具体物象。这些元素除了基本的实用属性外，还承载着形式上的审美功能和象征、展示、销售等功能。

现代商品包装设计所体现的形式美有以下几点。

1. 造型的对称与均衡

对称与均衡是人们最早使用的形式美法则，其广泛运用于建筑、园林、家具中，形成端庄、大气、和谐的感觉。在现代包装设计中，这一原则常用在瓶体的设计上，瓶体大多是对称与均衡的。而在很多包装的盒体设计上，均衡的原则也十分常见。对称与均衡，可以使商品包装设计动静结合，既消除了包装设计的呆板与枯燥，又可避免造型因过于活泼而杂乱无章。

图10-8～图10-10所示为鲜花小包装盒的设计。这款倒梯形的设计比中规中矩的形态更加能够吸引眼球。这种对比可凸显包装设计活泼的特性。

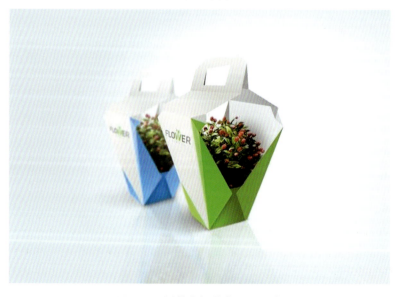

图10-8　鲜花小包装盒侧面设计

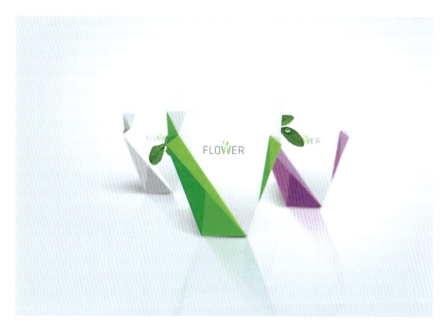

图10-9　鲜花小包装盒正面设计

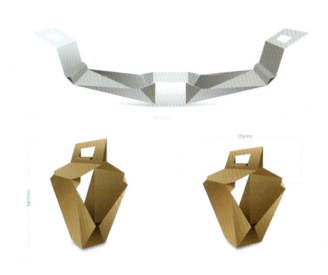

图10-10　鲜花小包装盒设计效果

图10-11～图10-13所示是橄榄油的瓶体设计。这是一款打破常规却不破坏使用功能的包装设计，是立体构成对称与均衡的形式美法则所推崇的。从正面看是与其他瓶体无异的橄榄油包装设计，从侧面看却是不同于其他普通瓶体的设计，不仅保持了传统瓶体的严谨，而且发扬了现代包装设计创新的理念，使瓶体活泼新颖。

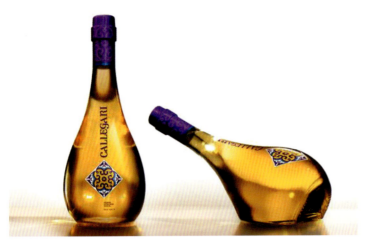

图10-11　橄榄油的瓶体设计

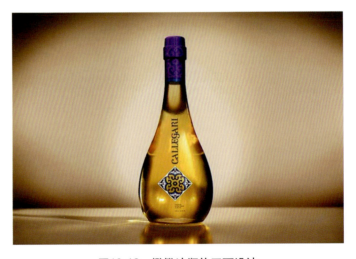

图10-12　橄榄油瓶体正面设计

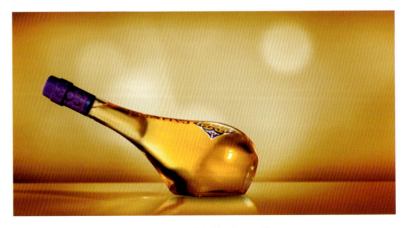

图10-13　橄榄油瓶体侧面设计

2. 造型的节奏与韵律

节奏是韵律形式的单纯化，韵律是节奏的丰富化。节奏的强弱与构成元素有关，元素多且复杂，节奏感就强烈。节奏与韵律是相辅相成的，通过节奏与韵律可以体现造型美的感染力，使包装设计更加有代表性和美感。

3. 造型的比例与尺度

商品包装设计需考虑比例的问题。盒体的长、宽、高的维度关系，容器长、宽、高的维度关系，图案的比例关系等都关系到商品包装设计能否得到合理运用。

在进行商品包装设计的过程中，要根据商品的特性及要求，选择恰当的比例，以体现完美的设计意图和表现商品的特征。

研究商品包装设计的形式美法则不是孤立地单纯从美感的角度考虑，包装设计首先是为商品打造，为消费者的购买提供便利，从而增加商品的吸引力，如图10-14和图10-15所示。因此，在设计过程中，如何将功能与形式结合也成为包装设计需要考虑的重要元素。

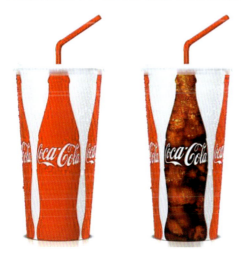

图10-14　可口可乐的包装设计

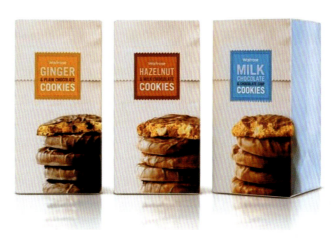

图10-15　不同种类产品的醒目对比

此外，商品包装设计立体构成的形式美要与产品特性、品牌及企业文化相一致，因为包装作为一种载体，能够折射出企业的文化形象。因此，在体现包装设计美感的同时，也要全方位地将企业文化融合进去，设计出一个体现企业文化精髓的作品。

研究形式美法则的意义在于将这些法则灵活运用到商品包装设计的立体构成中，当然，任何法则都不是固定不变的，而是随着艺术创作实践的发展而发展的，因此，在艺术创作中，需要根据具体情况灵活运用。

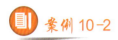

高档橄榄油的包装设计

图10-16所示的Poqa品牌高级橄榄油包装设计，充分体现了包豪斯对形式美的追求：强调几何结构，强调"少则多"。该包装设计形式简约，承载了商品高端的个性，也承载了形式上的审美功能，将产品的特色与档次通过包装设计进行诠释。

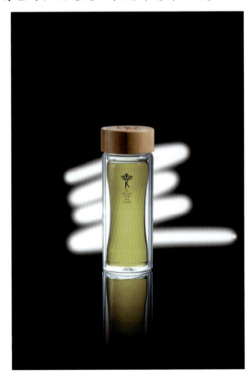

图10-16　Poqa品牌高级橄榄油包装设计

在当年包豪斯作为一种设计体系风靡整个世界，在现代工业设计领域中，它的思想和美学趣味可以说整整影响一代人。虽然后现代主义的崛起对于包豪斯的设计思想来说是一种冲击、一种进步，但包豪斯的某些思想、观念对现代工业设计和技术美学仍然有启迪作用，特别是对发展中国家的工业设计道路的方向选择是有帮助的。它的原则和概念对一切工业设计都是有影响作用的。

案例 10-3

好时巧克力的内部包装设计

好时公司是北美地区最大的巧克力及巧克力类糖果制造商。好时公司位于宾夕法尼亚州，是一家具有105年历史的老字号公司。好时巧克力的创始人密尔顿·赫尔希先生(Milton Hershey)1903年在这里初创巧克力制造业时，这里还是一片少有人烟的牧场。赫尔希先生以他的智慧和长远眼光设计了这里的一切。在20世纪初，好时镇就是好时公司，镇上的居民几乎全是好时公司的员工。好时公司铺筑了道路，修建了医院，建造了体育馆、剧场、游乐场、巧克力温泉等几乎镇上的一切公共设施，并带头把好时镇建成美国小城镇绿化建设中的模范。

好时巧克力一经上市就获得了消费者的好评，除了本身口味较好之外，很大的原因在于它的内部包装。

1．巧克力造型

把香浓的牛奶与纯正的可可融合、"滴落"，变成娇小玲珑的水滴状的"好时"，这已成为其经典造型。

2．巧克力包装

由不同的锡纸在巧克力外贴身包裹，整个包装充满着甜蜜、典雅、华贵、可爱的氛围；铝箔有防潮、避光的特效，还有保温、导热的作用。

图10-17所示为好时巧克力的内部包装设计，该设计成为包装设计中"点元素"运用的经典。好时KISSES散装，独立小巧，方便携带。

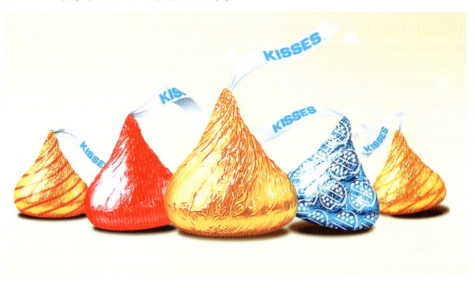

图10-17　好时巧克力的内部包装设计

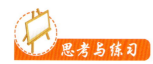

一、填空题

1. 构成的概念诞生于20世纪20~30年代，核心理念萌生于＿＿＿＿从具象到抽象的转变过程中，后经德国＿＿＿＿设计学院融合了前卫的艺术运动成果和艺术精神确定了内涵。
2. "＿＿＿＿"在立体构成中主要包括切割、组合、变形三种方式。
3. ＿＿＿＿是人们最早会使用的形式美法则，其广泛运用于建筑、园林、家具中，形成端庄、大气、和谐的感觉。

二、选择题

1. 立体构成同平面构成、色彩构成一样，用抽象而纯粹的（ ）表达，强调几何形态的抽象表现力。
   A．自然形态　　　　　　　　B．几何形态
   C．人工形态　　　　　　　　D．社会形态
2. 形式美是指构成包装外形的物质材料的属性和它们的组合规律所呈现出来的审美特性，来源于包装的形态、色彩、（ ）、装饰及其相互组合产生的和谐美。
   A．材质　　　　　　　　　　B．方法
   C．质量　　　　　　　　　　D．视觉效果

三、简答题

1. 思考商品包装设计与立体构成的关系。
2. 通过书籍或网络搜集自己感兴趣的商品包装设计的案例，分析立体构成的形式美法则对其的影响。

参 考 文 献

[1] 徐时程. 立体构成[M]. 北京：清华大学出版社，2019.
[2] 欧阳安，许妍. 立体构成[M]. 北京：化学工业出版社，2018.
[3] 方四文，朱琴. 立体构成[M]. 北京：中国轻工业出版社，2014.
[4] 陈祖展. 立体构成[M]. 北京：北京交通大学出版社，2011.
[5] 余昌冰，廖雨注. 立体构成[M]. 武汉：湖北美术出版社，2009.
[6] 艾少群，吴振东. 立体构成(空间形态构成)[M]. 北京：清华大学出版社，2011.
[7] 方萱. 立体构成[M]. 北京：人民美术出版社，2011.